언젠가 ——— 유럽

언젠가 유럽

초판 1쇄 발행 2020년 6월 20일
초판 2쇄 발행 2020년 8월 10일

지은이 조성관

발행인 박운미
편집장 류현아
디자인 [★]규
지도 그림 장인범
교열 김화선
마케팅 김찬완
홍보 최승아

펴낸 곳 ㈜알피스페이스
출판등록 제2012-000067호(2012년 2월 22일)
주소 서울 강남구 영동대로 315, 비1층(대치동)
문의 02-2002-9880
블로그 the_denstory.blog.me
ISBN 979-11-85716-94-7 03900
값 16,800원

Denstory는 ㈜알피스페이스의 출판 브랜드입니다.
파본이나 잘못된 책은 구입하신 곳에서 바꿔드립니다.

이 도서의 국립중앙도서관 출판예정도서목록(CIP)은 서지정보유통지원시스템
홈페이지(seoji.nl.go.kr)와 국가자료공동목록시스템(www.nl.go.kr/kolisnet)에서
이용하실 수 있습니다. (CIP제어번호 : CIP2020022775)

도시와 공간,
그리고
사람을 만나는
여행

언젠가 —— 유럽

글·사진
조성관

Paris
Wien
Praha
London
Berlin
Leipzig

Denstory

Prologue

지적 희열을 느끼는 안단테 유럽 여행

15년 전, 나는 오스트리아 빈(Wien)을 여행하던 중 모차르트와 교감을 나누는 아주 진귀한 경험을 했다. 이것이 계기가 되어 빈이라는 도시 공간에 남겨진 천재의 흔적을 찾아다니는 여행을 기획했고, 이듬해 실행에 옮겼다. 그렇게 해서 2007년 『빈이 사랑한 천재들』이 세상에 태어났다.

그리고 2년 뒤인 2009년 『프라하가 사랑한 천재들』이 나왔다. 이때부터 '도시가 사랑한 천재들' 시리즈가 시작되었다. 빈 편을 쓸 때, 나는 이 책이 시리즈가 되리라곤 꿈에서조차 상상하지 못했다. 그러나 프라하 편을 쓰고 나서 나는 어떤 보이지 않는 힘에 이끌려 유럽 여러 도시들을 비롯해 뉴욕과 도쿄를 여행했고, 그동안 총 10권의 책을 썼다(시리즈의 마지막 10권 『서울이 사랑한 천재들』은 올 7월 출간 예정).

유럽 여행을 하는 목적은 사람마다 제각각이다. 정답은 있을 수 없다. 식도락, 예술 작품 감상, 건축물 답사……. 저마다의 관심과 취향에 따라 여러 가지 다양한 여행 코드가 나올 수 있다. 그중에서 나는 '천재'라는 코드로 유럽과 북미, 그리고 아시아를 돌아다녔다.

천재들은 각각의 도시를 대표하는 인물이면서 인류 사회를 윤택하게 만든 사람들이다. 우리는 정신적·물질적으로 여러 천재들에게 빚을 지고 있다. 다만 일상에서 그것을 의식하지 못할 뿐이다.

나는 그동안 천재의 숨결과 체취를 호흡하는 여행을 하기 위해 많은 책들을 읽었고 자료를 수집했다. 누가 시킨 것도 아닌데, 무엇 때문에 결코 적지 않은 경비를 써가며 천재들의 발자취를 따르는 여행을 진행했을까? 도대체 그 에너지는 어디에서 나왔을까?

천재에의 끌림이었나. 초반에는 내가 천재들을 선택했다고 생각했다. 그러나 시리즈 후반부에 들어가면서 생각이 서서히 바뀌었다. 내가 천재들에게 '선택당한' 것이었다. 그들을 거역하지 못한 채 이끌려 다니면서 나는 그전까지 한 번도 경험하지 못한 지적 희열을 수없이 경험했다. 유레카(eureka)의 연속이었다. 그 순간마다 세계관의 지평(地平)이 확장되고 내가 새롭게 태어나는 것을 느끼곤 했다. 나의 작가 인생은 2005년 빈 여행 이전과 이후로 나뉜다.

유럽의 대표 도시들을 여행하면서 나는 예상치 못한 많은 부수적인 스토리들을 수확했다. 그것은 천재들의 기나긴 삶의 여정에서 수습한 이삭이었다. 그러나 천재 시리즈에서는 이 같은 주변적인 이야기들은 부득이 생략할 수밖에 없었다.

훗날을 기약하며 남겨둔 곁가지 이야기들은 여러 권의 취재 수첩에 삐뚤빼뚤한 메모로 남아 있었다. 이들은 내가 책장을 넘길 때마다 활자로 태어나게 해달라며 소리 없는 아우성을 쳤다.

『언젠가 유럽』은 그 아우성을 여행기(記)의 형태로 쓴 것이다.

유럽 여행을 어떻게 해야 기억에 남을까. 어떻게 여행해야 내 인생을 살찌울까. 안단테(andante) 여행이다. 속도를 늦추면 사람이 보인다. 대자연을 호흡하는 여행과 함께 사람을 만나는 여행만이 오래도록 향기가 지속된다.

그렇다면 유럽 여행을 통해 어떤 사람을 만나야 하나. 우리의 지적생활과 문화생활에 깊숙이 들어와 있는 사람이다. 그런 인물들과 교감하는 여행은 발효음식처럼 시간이 흐를수록 깊은 맛을 우려낸다.

이제, 새벽에 눈 비비고 일어나 버스로 이동하는 속도전 여행을 졸업할 때가 되었다. 여러 도시를 점을 찍듯 돌아다니는 알레그로(allegro) 여행의 한계를 우리는 충분히 깨달았다. 유럽 여행의 오래된 패턴인 성과 궁전과 성당을 둘러보는 여행은,

처음에는 굉장해 보이지만 몇 번만 반복되면 그게 그거 같다. 외국인이 고려시대에 창건된 사찰들을 몇 개만 보고 나면 헷갈리는 것과 같다.

코로나 창궐 이후 세상은 달라졌다. 유럽 여행도 더 이상 코로나 이전과 같은 양상은 지속되기 어려울 것이다. 패턴이 크게 바뀔 수밖에 없다. 새로운 바람이 불어올 것이다. 나는 이 변화를 '지적인 개인주의 여행'이라고 정의한다.

나는 이 책에서 파리, 빈, 런던, 프라하, 베를린, 라이프치히 등 6개 도시를 다뤘다. 이들 도시를 배경으로 다룬 대표적인 영화 이야기로 시작해 지적인 개인주의 여행을 풀어나갔다.

천재 시리즈가 정장 차림으로 빈 필하모닉의 말러 교향곡을 듣는 것이라면, 이 여행기는 캐주얼 차림으로 쇤브룬 궁전 마당에서 앙드레 류의 오케스트라 공연을 감상하는 것이라 할 수 있겠다.

이 책은 지적 희열을 추구하는 개인주의 여행자를 위한 안내서이다. 진지하면서도 역사책처럼 결코 무겁지 않고, 참새의 발걸음처럼 경쾌하면서도 결코 가볍지 않은, 그런 유럽 여행을 꿈꾸는 사람들을 위한 책이다.

2020년 6월, 북한산 아래에서

조성관

Contents

Praha 프라하

London 런던

Berlin 베를린

Leipzig 라이프치히

Pa

ris

파리

Bd Périphérique
Levallois -Perret
Cimetière de Montmartre
Neuilly-sur-Seine
Arc de Triomphe
Grand Palais
Parc de Bagatelle
Champs-Élysées
8E ARR.
Tour Eiffel
Pont Alexandre III
AUTEUIL
15E ARR.
Cimetière du Montparnasse
de Paris
Parc

silique du
cré-Coeur
CENTQUATRE
GOUTTE D'OR
Montmartre
19E ARR.
lace de la Concorde
Cimetière du Père-Lachaise
ouvre
Notre-Dame de Paris
Saint-Germain-des-Prés
PARIS
Place de la Nation
ulevard du Montparnasse
ARRONDISSEMENT DE PARIS

세 가지 색
파리를 담은 영화

「미드나잇 인 파리(Midnight in Paris)」

2012년 개봉한 우디 앨런 감독·각본의 영화 「미드나잇 인 파리」. 영화에는 세 개의 시간대가 나온다. 2000년대, 1920년대, 1890년대. 시간대에 따라 그 시대에 파리에서 살았던 각기 다른 인물들이 등장한다.

2000년대를 사는 미국 캘리포니아의 무명 소설가 길 펜더. 그가 부유한 약혼자 부모의 파리 출장길에 동행하면서 영화는 시작된다. 파리가 초행인 길 펜더는 모든 장면에 감동하고 감격한다. 본격적인 이야기가 전개되기에 앞서 파리의 사계(四季)가 교향곡의 서곡처럼 흐른다. 센강, 에펠탑, 몽마르트르, 사크레쾨르 성당, 알렉상드르 3세 다리, 그랑 팔레, 루브르 박물관, 샹젤리제, 콩코르드 광장, 푸케 레스토랑, 생세르멩 대로, 노트르담 성당, 튀일리 정원…….

늦은 밤, 길 펜더는 춤을 추고 싶어 하는 약혼자 이네즈를 보내고 파리의 골목길을 걸어보기로 한다. 그러다 어느 순간 길을 잃는다. 성당의 작은 계단에 앉아 이제는 어디로 가야 하나, 난감해한다.

그는 계단에서 자정을 알리는 성당의 종소리를 듣는다. 그때 클래식카 푸조 택시가 언덕 아래에서 올라와 그 앞에 선다. 문이 열리며 택시 안의 손님들이 그에게 파티에 가는 길이니 택시에 타라고 말한다. 그는 사람을 잘못 본 것 아니냐며 손사래를 치다가 얼떨결에 합승하고 만다. 택시에 탄 사람들의 옷차림과 헤어스타일이 자신과 확연히 달랐지만 그는 이것이 무엇을 의미하는지를 파악하지 못한다.

잠시 후 택시는 한 술집 앞에 멈춰 서고 펜더는 택시 손님들과 함께 술집으로 들어간다. 술집은 이미 담배 연기와 노랫소리와 취기가 뒤엉켜 질펀하고 왁자하다. 한쪽에서는 사람들에 둘러싸인 한 남자가 피아노를 연주하며 노래를 부른다. 「Let's do it」

"핀란드인도 하고 가난한 아르헨티나 사람도 하고, 새들도 하고 게으른 해파리도 하니 사랑을 하자. 사랑에 빠지자."

미국 작곡가 콜 포터(1891~1964)가 1928년 작곡하고 엘라

피츠제럴드가 부른 노래다. 노래를 부르는 사람이 콜 포터를 참 많이 닮았네, 라고 길 펜더는 생각한다.

그때 칵테일 잔을 든 금발 여성이 다가와 말을 건다. 길 펜더가 자신을 미국에서 온 작가라고 소개하자, 여성은 반가워하며 자신의 남편도 작가라며 남편을 부른다. 정장 차림의 남자가 그에게 손을 내민다.

"스콧입니다."

길 펜더가 알아듣지 못하자 다시 말한다.

"스콧 피츠제럴드입니다."

"동명이인이 많군요."

악수를 청한 이 남자가 『위대한 개츠비』의 소설가 스콧 피츠제럴드와 이름이 같다는 뜻으로 말한 것이다.

이번에는 스콧이 "동명이인이 많군요"가 무슨 말인지를 알아듣지 못한다. 길 펜더가 다시 묻는다.

"무슨 파티죠?"

스콧이 대답한다.

"장 콕토를 위한 파티예요."

이 말에 길 펜더는 비로소 자신이 1920년대 파리에 와 있다는 것을 깨닫게 된다. 모든 의문이 스르르 풀린다. 클래식 푸조가 자신을 1920년대로 데려온 것이다.

길 펜더에게 말을 건 금발 여성은 스콧 피츠제럴드의 부인 젤다 피츠제럴드다. 그는 믿을 수 없다는 듯 어리벙벙한 표정으로 주변을 두리번거린다. 피츠제럴드 부부 역시 그가 미래의 시간대에서 왔다는 것을 알아차리지 못한다. 길 펜더는 여전히 믿지 못하겠다는 표정이다. 피츠제럴드 부부는 그가 이곳을 지루해한다고 생각하며 다른 술집으로 가자고 권한다. 바로 브릭톱(bricktop) 클럽이다.

그는 다시 자동차에 강제로 태워져 브릭톱 클럽으로 이동한다. 그곳에서 술을 마시고 있던 어깨가 딱 벌어진 잘생긴 남자를 발견한다. 길 펜더가 가볍게 인사한다. 그 남자가 손을 내민다.

"헤밍웨이입니다."

헤밍웨이는 묻지도 않았는데 달변을 쏟아낸다. 특유의 허풍과 과장을 섞어서. 그는 그런 헤밍웨이의 모습에 완전히 넋이 나간다. 첫날은 이렇게 끝난다.

그는 이런 시간 이동을 몇 번 더 한다. 그러면서 파리의 밤길과 술집에서 다양한 작가와 예술가들을 만난다. 영화에 등장하는 인물은 스콧 피츠제럴드(1896~1940), 어니스트 헤밍웨이(1899~1961), 거트루드 스타인(1874~1946), 파블로 피카소(1881~1973), 살바도르 달리(1904~1989), 만 레이(1890~1976), 루이스 부뉴엘(1900~1983), 앙리 드 툴루즈 로트레크(1864~1901),

에드가르 드가(1834~1917), 폴 고갱(1848~1903), 토머스 엘리엇(1888~1965)이다.

이들을 국적으로 나누면 미국 4명(피츠제럴드, 헤밍웨이, 스타인, 레이), 스페인 3명(피카소, 달리, 부뉴엘), 영국 1명(엘리엇), 나머지 3명은 프랑스다. 벨 에포크와 황금시대에 세계의 작가와 예술가들이 파리로 모여들었음을 증명하는 이름들이다. 벨 에포크는 '좋은 시대'라는 뜻으로 19세기 말에서 20세기 초까지를 의미한다. 문화예술을 비롯해 모든 분야에서 풍요롭고 자유로웠던 시대를 일컫는다.

영화에 등장하지는 않지만 주인공들이 언급하는 인물들을 살펴보자. 장 콕토(1889~1963), 코코 샤넬(1883~1971), 조르주 브라크(1882~1963), 아메데오 모딜리아니(1884~1920), 클로드 모네(1840~1926), 앙리 마티스(1869~1954), 윌리엄 포크너(1897~1962) 등. 모두 19세기 말과 20세기 사이에 활동한 인물들이다.

이번에는 화면에 나오거나 언급되는 장소를 살펴보자. 헤밍웨이가 길 펜더에게 말한다. "몽마르트르로 가서 한잔합시다." "생제르맹으로 갑시다."

클로드 모네의 정원이 있는 지베르니 이야기가 나오고, 모네의 초대형 「수련」이 상설 전시되고 있는 오랑주리 미술관에서 그림을 감상하는 장면도 보인다. 브리스톨호텔과 막심호텔이 등장한다. 몽마르트르의 사크레쾨르 성당이 배경 화면이 되는가 하면, 유명한 서점 '셰익스피어 앤드 컴퍼니'가 나오고, 길 펜더가 알렉상드르 3세 다리를 걷기도 한다. 몽생미셸, '카페 드 플로르' 같은 고유명사가 팝콘처럼 대사에서 톡톡 튀어나온다.

예술가들의
성지

몽마르트르

파리에서 반나절밖에 시간이 없는 단체 여행객들도 반드시 가 보는 곳이 몽마르트르와 에펠탑이다. 몽마르트르, 순교자의 언덕이라는 뜻이지만 종교적 의미는 퇴색된 지 오래다.

몽마르트르와 예술가는 떼려야 뗄 수 없는 관계다. 19세기 말, 그러니까 세기말을 앞둔 파리는 세계의 작가, 시인, 예술가들을 진공청소기처럼 빨아들였다. 1789년 프랑스 대혁명 이후 파리는 피부색을 떠나 모든 인류의 평등을 주장해온 신화의 중심지였다. 그 파리에서 몽마르트르는 보헤미안적 자유와 쾌락과 예술의 해방구였다. 이런 세기말의 이미지는 지금도 여전히 몽마르트르 언덕을 떠돈다. 세계인에게 몽마르트르는 예술가의 거리와 이음동의어다.

해발 130미터의
몽마르트르 곳곳에는
크고 작은 계단들이 있다.

영화에서 길 펜더가 피츠제럴드 부부와 함께 얼떨결에 가보게 되는 브릭톱이 바로 몽마르트르에 있다. 브릭톱의 주인인 에이다 스미스의 머리 색깔이 벽돌색을 닮았다고 해서 붙여진 이름이다. 에이다 스미스는 뉴욕 할렘에서 가수로 활동한 경력이 있었고, 이런 인연으로 브릭톱은 몽마르트르 흑인들의 근거지가 되었다.

그렇다면 빡빡한 여행 스케줄 속에서 몽마르트르 어디를 볼까. 말할 것도 없이 테르트르(Tertre) 광장이다. 거의 정사각형에 가까운 테르트르 광장은 이국적인 낭만과 오밀조밀한 예술적 분위기로 흘러넘친다. 이 광장은 해발 130미터 높이에 있어 파리 시내가 발아래로 놓인다.

날씨 좋은 날이면 즉석 초상화가부터 가위로 종이를 오려 초상화를 만드는 사람까지 별의별 아티스트들이 좁은 공간에 바글거린다. 어깨를 부딪치지 않고는 걷기도 힘들다. 유화나 수채화 소품들이 곳곳에 전시되어 예술가의 거리라는 명성이 결코 과장이 아님을 증명한다.

처음 온 이방인들은 이런 광경에 넋이 나간다. 파리지앵들은 카페의 작은 의자에 앉아 그런 여행객들의 움직임을 쳐다보면서 웃고 떠들며 술이나 음료를 마신다. 안타까운 것은 단체 여행객들이 테르트르 광장에 1시간도 머물지 않는다는 사실이

↑ 테르트르 광장. 화가와 관광객들로 언제나 활기가 넘친다.
↓ 뒤쪽 정면에 보이는 것이 테르트르 광장의 '카트린 아줌마 식당'이다.

다. 그런데도 몽마르트르를 다 봤다고 생각한다.

모든 공간에는 그곳에서 살았던 사람들의 흔적이 있다. 몽마르트르에서 살았던 예술가들의 발걸음으로 테르트르 광장을 다시 살펴보자. 몽마르트르에서 화가로서 꽃길을 걸었던 사람의 이야기도 재미있지만, 성공을 위해 좌충우돌하며 방황했던 사람의 이야기에 더 끌린다.

몽마르트르를 거쳐 간 수많은 화가나 시인 중에서 아메데오 모딜리아니가 가장 드라마틱하다. 이탈리아가 고향인 모딜리아니는 그림을 그리기 위해 무작정 파리로 왔다. 세계 각국에서 재능 있는 화가들이 그렇게 파리에 모였다. 몽마르트르 시절, 그는 방황과 방탕 사이를 시계추처럼 오갔다. 자기 색깔의 그림을 찾지 못한 채 술과 약과 여자에 취해 밤마다 몽마르트르의 비탈길을 비틀거렸다. 모딜리아니는 재능은 있었지만 절제력이 약했다. 술만 들어가면 순식간에 술주정뱅이가 되곤 했다. 경찰서 유치장 신세를 지기도 했다. 그가 술에 취해 툭하면 난동을 부린 공간이 바로 테르트르 광장이었다.

모딜리아니가 드나든 단골 술집 중 하나가 '라팽 아질(Au Lapin Agile)'이다. 민첩한 토끼라는 뜻이다. 어딘가 촌스러운 것 같으면서도 소박한 나이트클럽. 테르트르 광장에서 솔르(Saules) 길로 내려가다 보면 오른쪽에 보인다. 1910년 문을 연

모습 그대로 영업 중이다. 밖에서 보이는 것처럼 내부 역시 협소해 테이블이 10개에 불과하다. 빽빽이 앉으면 50명 정도가 들어간다. 이곳에서는 가수가 마이크를 사용하지 않고 노래를 부른다. 반주도 아코디언과 피아노뿐이다. 가수와 손님이 함께 합창을 하는 세계에서 거의 유일한 술집이다. 피카소도 「라팽 아질」이라는 작품을 남겼다.

라팽 아질에서 2분 거리인 코르토 길에는 '몽마르트르 미술관'이 있는데, 몽마르트르에서 살았던 화가들의 작품을 소장·전시하고 있다. 원래 이 미술관은 가난한 화가들에게 작업실로 빌려주던 '세탁선' 같은 공간이었다. 모리스 위트릴로와 그의 어머니인 모델 겸 화가 수잔 발라동, 라울 뒤피, 르누아르와 같은 예술가들이 이곳에서 한 시절을 보냈다. 미술관 카페에 들어가면 장식물과 전시물이 세기말 몽마르트르에 넘실거렸던 보헤미안 분위기를 소환한다.

어렵게 테르트르 광장에 왔다면 한 곳을 꼭 보고 가야 한다. 그래야 나중에 근사한 자리에 가서 할 얘기가 생긴다. 비스트로(bistro)가 탄생한 '카트린 아줌마 식당(La Mere Catherine)'이다. 1793년 문을 연 이 식당은 규모가 작아 자칫 지나치기 쉽다.

이곳은 나폴레옹의 1812년 러시아 원정(遠征)과 관련이 있다. 러시아 코사크 기병대와 청년 장교들은 퇴각하는 나폴레옹

라팽 아질은 110년 전 모습 그대로 영업 중이다.

과 프랑스 군대를 추격하며 파리까지 진입했다. 파리는 졸지에 코사크 기병대의 거친 말발굽 아래 놓였다. 코사크 기병들이 특히 좋아한 곳이 몽마르트르의 테르트르 광장이었다. 그들은 카트린 아줌마 식당에 자주 나타나 술을 마셨다. 거구에 성정이 불같은 코사크 기병들은 음식을 시켜놓고 금방 나오지 않으면 식탁을 주먹으로 내리치곤 했다. "비스트로, 비스트로."

비스트로는 러시아어로 '빨리'라는 뜻이다. 여기서 단품 음식이 빨리 나오는 작은 식당을 지칭하는 '비스트로'가 유래됐다.

입체파의 탄생을 알리다

예술가의 숨결을 호흡하고 싶어 몽마르트르에 갔다면, 반드시 가봐야 할 곳이 있다. 사실, 이곳을 보지 않으면 몽마르트르를 봤다고 할 수가 없다. 현대미술의 성지와 같은 곳! 테르트르 광장을 기준점으로 놓고 보면 내리막길에 있다. 우리가 가야 할 곳은 '에밀 구도' 광장이다. 지하철 아베스(Abbesses)역에서 내리면 금방이다.

왜 이곳에 가야 하나. 바로 '세탁선(Le Bateau Lavoir)' 때문이다. 이곳은 원래 피아노 공장으로 운영되던 널찍한 공간이었다. 피아노 공장이 문을 닫자 공장을 인수한 사람이 넓은 공간

모딜리아니도, 피카소도 꿈을 키웠던 세탁선.

에 방을 십수 개 만들어 가난한 작가와 예술가들에게 빌려줬다. 예술가들은 예술가들끼리 모여 살아야 서로에게 도움이 된다. 소문이 나자 너도나도 세탁선으로 갔다.

이곳에 살림집 겸 화실을 두고 있던 화가들 중에 피카소가 있었다. 스페인에서 파리에 온 지 7년 만인 1907년, 피카소는 세탁선에서 「아비뇽의 처녀들(Les Demoiselles d'Avignon)」을 그렸다. 사진예술이 포착하지 못하는 인간의 내면을 표현해보려는 고뇌의 결정체였다. 「아비뇽의 처녀들」은 입체파의 탄생을 알리는 신호탄이 되었다. 이후 세탁선은 세계 미술사에서 빼놓을 수 없는 역사적 공간이 된다.

그런데 이 지점에서 궁금증이 생긴다. 하필, 왜 세탁선인가? 에밀 구도 광장은 광장이라는 이름은 붙었지만 바닥만큼은 수평이 아니다. 경사가 있는 광장이다. 바닥도 포석으로 울퉁불퉁하다. 그런 지형에 지어진 목조건물의 외형이 당시 센강을 오가던 세탁선(洗濯船)을 닮았다고 해서 붙여진 이름이다. 모딜리아니 역시 피카소의 권유로 이곳에 방을 얻어 지냈다. 우리가 이름을 알고 있는 시인과 예술가들이 앞서거니 뒤서거니 세탁선을 거쳐 갔다. 이곳 진열장에는 이곳을 거쳐 간 이들의 이름이 빼곡하게 적혀 있다. 1970년, 세탁선에 불이 나 완전히 타버렸다. 이후 현재와 같은 콘크리트 건물로 복원됐다. 지금도 몽마르트르의 기운을 받으려는 가난한 예술가들이 이곳에서 지낸다.

따뜻한 날, 에밀 구도 광장에서 한두 시간만 있어보자. 생각보다 훨씬 많은 사람들이 세탁선을 찾아오는 것을 확인하게 된다. 단체 여행객도 있지만 한두 명씩 찾아오는 경우가 대부분이다.

몽마르트르에서 테르트르, 에밀 구도 못지않게 중요한 광장이 있다. 지하철 아베스역 앞이다. 아베스역은 유일하게 몽마르트르 언덕길에 있는 지하철역이다. 이곳은 '아르누보'역으로도 불린다. 세기말 파리에서 유행한 여러 예술 사조 중의 하나가 아르누보(art nouveau)다. 아르누보 운동의 대표 인물 중 한 사람이 건축가 엑토르 기마르. 그는 몽마르트르로 통하는 아베스역을 아르누보의 진열장으로 삼고 지하철 출입구에 아르누보 디자인을 입혔다. 파리의 여러 지하철 역사에 기마르의 흔적이 남아 있지만, 아베스역은 아르누보 디자인의 결정체라고 봐도 된다. 아르누보 이야기가 나올 때마다 으레 아베스역 출입구 사진이 실리는 까닭이다.

원스 어폰 어 타임, 옛날 옛적 몽마르트르의 한 장면. 자그마치 30개가 넘는 풍차가 몽마르트르 곳곳에서 바람을 일으켰다. 해발이 높아 바람이 세다 보니 풍차들 세우기에 최적의 환경이었다. 주민들은 풍차가 만드는 동력으로 밀을 빻고 포도 알갱이를 으깼다. 1600년대 초반의 일이니 까마득한 옛날이야기다.

현재 남아 있는 풍차는 '갈레트 풍차(Le Moulin de la Galette)' 하나뿐이다. 19세기 말, 갈레트 풍차는 몽마르트르 야외 무도회장으로 유명했다. 귀족들만 드나들던 생제르맹의 무도장과 달리 이곳은 누구에게나 출입이 허용되어 평범한 시민들의 유흥 공간으로 인기가 높았다. 이 야외 무도장의 풍경은 몽마르트르에 살던 여러 예술가에게 영감을 불러일으켰다. 대표적인 화가가 르누아르다. 르누아르는 1876년 「물랭 드 라 갈레트의 무도회」를 그렸고, 그다음 해 열린 제1회 인상파 전시회에 이 작품을 출품했다. 현재 갈레트 풍차는 더 이상 돌아가지 않지만 내부 공간은 고급 레스토랑으로 바뀌었다.

몽마르트르는 산 위에 형성된 동네다. 비탈이 많다 보니 계단도 많다. 물론 테르트르 광장 바로 아래까지 가는 버스 노선도 있다. 버스 기사는 좁고 가파른 언덕길을 신기에 가까운 기술로 아슬아슬하게 빠져나간다. 버스를 타면 시간을 절약하고 편리한 건 맞지만 몽마르트르의 진수를 놓치게 된다. 여행은 발품을 들이는 만큼 보이고, 다리가 뻐근한 만큼 느껴진다. 몽마르트르를 한번 제대로 경험하고 싶다면 계단으로 올라가볼 것을 권한다. 크고 작은 계단이 20여 개에 이른다. 가파른 경사로 악명 높은 계단도 여러 개 있다. 아무리 등산에 이골이 난 사람도 한두 번은 중간에 멈춰 숨 고르기를 한다.

18~19세기 몽마르트르는 가난한 예술가들에게 천국 같은 공간이었지만 지금은 아니다. 전망 좋은 곳에는 동화 속에나 나옴 직한 고급 주택들이 터를 잡고 있다. 특히 에밀 구도에서 테르트르 광장으로 향하는 오르막길에 그림 같은 단독 주택들이 즐비하다.

예술가들의 이름을 딴 아담한 광장들

몽마르트르에서 거닐어볼 만한 거리가 쥐노(Junot) 애비뉴. 몽마르트르 미술관에서 가깝다. 지하철로는 '라마르크 콜랭쿠르' 역에서 내리면 편리하다.

몽마르트르가 특별한 이유가 또 있다. 아담한 광장(사실은 공터에 가깝지만)에 각기 몽마르트르에 살았던 작가, 시인, 가수, 화가의 이름을 붙여 기리고 있다는 사실이다. 발라동, 달리다, 장 마레, 에밀 구도, 마르셀 에메…….

몽마르트르 미술관에서 쥐노 애비뉴로 가려면 아담한 광장과 만난다. 달리다 광장이다. 광장 한쪽에 달리다 동상이 세워져 있다. 왜 이곳을 달리다 광장이라 이름 붙였을까. 가수이자 배우였던 달리다(1933~1987)의 집이 광장에서 10여 분 거리인 도르샹 길 11번지에 있다. 달리다는 이 집에서 1963년부터 세상을 뜬 1987년까지 살았다.

쥐노 애비뉴 15번지는 루마니아 출신의 다다이즘 시인, 트리스탕 차라(1896~1963)의 집이다. 빈에서 활동한 아돌프 로스가 설계했다. 쥐노 애비뉴에는 '수잔 부숑' 광장도 있다. 수잔 부숑은 나치 점령의 파리에서 활약한 여성 레지스탕스.

몽마르트르에서 가장 널리 알려진 카페는 르픽가(街)의 '카페 데 되 물랭(Cafe des deux Moulins)'이 아닐까. 이곳에서 촬영한 오드레 토투 주연의 영화 「아멜리에」가 성공하면서부터 원래 이름보다 '아멜리에 카페'로 불린다. 르픽 거리 15번지에 있는 이 카페는 설령 영화를 몰라도 한 번쯤은 눈길을 던지게 되는 공간이다.

르픽가는 몽마르트르 탐험에서 중요한 기준점이 된다. 몽마르트르로 통하는 지하철역이 블랑슈역, 피갈역, 앙베르역, 아베스역이다. 몽마르트르로 올라가는 버스는 피갈역에서 출발한다. 르픽가는 블랑슈역에서 내리면 바로 연결된다. 르픽가 54번지는 반 고흐가 1886년부터 1888년까지, 남프랑스 아를로 가기 전에 머물렀던 공간이다.

사크레쾨르 성당.

몽마르트르 탐험은 대체로 평지에서부터 차근차근 구경하며 꼭대기의 사크레쾨르 성당을 보는 순서로 진행된다. 성당 앞마당에 서면 파리의 하늘 위에 선 것처럼 기분이 날아갈 듯하다. 파리 시가지를 감상한 뒤에 정원 계단을 통해 천천히 내려간다. 풀밭 위에서 가벼운 키스와 애무를 하는 연인들을 보며 이방인들은 미소를 머금는다. 몽마르트르의 낭만은 이렇게 무르익는다.

몽마르트르에 사는 사람들은 스스로를 파리지앵이라고 부르지 않는다. '몽마르투아'라고 부른다. 몽마르트르에 대한 자부심이 어느 정도인지를 엿볼 수 있게 한다.

세계 지성이
'카페'에서
꽃피다

"생제르맹으로 가자."

「미드나잇 인 파리」의 주인공처럼 이제는 카페(cafe)를 만나야 할 차례다. 파리 카페의 향기를 맡고 음미하려면 두말할 것 없이 생제르맹 대로에 가야 한다. 생제르맹 하면, 축구를 좋아하는 이들은 파리 생제르맹을 연상할 것이다. 네이마르와 음바페가 뛰고 있는 프랑스 최고의 프로축구팀이 파리 생제르맹이다.

18~19세기 생제르맹 대로는 살롱 문화의 중심지였다. 귀족과 상류층의 고급 아파트들이 이곳에 자리 잡고 있었다. 널찍하고 여유 있는 사적 공간을 작가, 예술가, 지식인, 그리고 귀족의 사교 공간으로 개방한 것이다. 살롱은 탐미(耽美)의 공간이

생제르맹데프레 광장.

었다. 유명 살롱에 출입하려면 엄격한 심사를 받아야 했다.

그 영향으로 생제르맹 대로는 여전히 들뜨지 않고 차분한 세련미가 대로와 골목 고샅고샅 감돈다. 생제르맹 대로는 센강을 기준으로 볼 때 좌안(左岸)에 위치한다. 이런 지리적·공간적인 특징으로 파리 좌안은 전통적인 지식인 거주지로 자리 잡았다. 파리 좌안을 '지식의 산실(産室)'이라고 부르는 까닭이다.

파리의 카페는 100년 전이나 지금이나 여전히 생제르맹 대로가 그 중심을 차지한다. 시기를 나눠보면 19세기 말부터 제1차 세계대전 전까지의 벨 에포크, 제1차 세계대전 종전 후인 1918년부터 1940년까지, 1940년부터 제2차 세계대전 후까지 세 개의 시기로 구분할 수 있겠다. 생제르맹의 카페들은 세계 지성의 아지트였다. 그 출발점은 쌍둥이 카페 '되 마고'와 '플로르'다.

지하철 4호선 '생제르맹데프레'역에서 내려 출구로 나간다. 먼저 세월의 비바람이 느껴지는 고색창연한 '생제르맹데프레 교회'가 이방인들을 맞는다. 왠지 잠깐이라도 들러보지 않으면 안 될 것 같다. 잠시 교회 경내로 들어가 본다. 뜰 안에 있는 두상에 눈길이 쏠린다. 두상의 주인공은 시인이자 소설가인 기욤 아폴리네르(1880~1918). 그는 파블로 피카소의 절친이었다. 아폴리네르가 요절한 후인 1953년, 피카소가 그를 추모해 두상을 만들었다(피카소가 조각까지 손을 댔다는 사실을 아는 사람은 많지 않다).

그렇다면 왜 이곳에 아폴리네르의 두상을 두었을까. 시인과 작가와 예술가들이 생제르맹의 카페들을 특히 좋아했다는 뜻이다. 물론 이 두상은 진품이 아니다. 한 번 도난당했다가 가까스로 찾은 뒤로 아예 복제품을 따로 제작해 올려놓았다.

되 마고: 작가들이 특히 좋아한 문학 카페

교회 문을 나서 왼쪽 방향에 너른 광장이 보인다. 생제르맹데프레 광장이다. 여기서 생제르맹 대로 쪽으로 고개를 돌리면 초록색 차양이 달린 카페가 보인다. 카페 '되 마고(Les Deux Magots)'다. 카페가 문을 연 1884년부터 초록색을 유지하고 있다. 확실한 컬러 아이덴티티(color identity)다. 그런데 찬찬히 살펴보면 녹색은 녹색인데, 어딘가 조금 밝고 화사하다. 에메랄드빛마저 감돈다. '터키 그린(turkey green)'이다. 터키 그린을 금색 테두리로 감싸고 있는 게 되 마고의 차양이다. 1884년부터 그대로다. 파리 시민들은 누구나 터키 그린을 보면 으레 되 마고를 연상한다.

비바람 몰아치는 날이 아니라면 되 마고 앞 테라스에는 작은 의자들이 수십 개 나와 있다. 파리지앵들이 커피 한 잔을 놓고

터키 그린 컬러로 유명한 되 마고의 커피잔 세트(위)와 전경.

따스한 햇살을 즐긴다. 생제르맹 대로를 지나가는 이들은 그들의 여유를 보고, 그들은 자신들을 관찰하는 행인들을 지켜본다. 아니면 바로 앞에 있는 초대형 키오스크에서 산 신문이나 잡지, 또는 책을 읽는다. 이 테라스에서 사르트르는 장 주네를 처음 소개받았다.

카페 안으로 들어가 본다. 되 마고는 명성에 비해 공간은 협소한 편이다. 1층이 전부다. 실내로 들어서면 중앙부 기둥에 붙어 있는 변발 머리의 중국제 인형 두 개가 눈길을 끈다. 청나라 상인 조각상이다. 마고(magot)는 도자기 인형을 일컫는다.

되 마고는 역사와 전통을 잘 유지·관리하고 있다. 첫 번째가 컬러 아이덴티티다. 차양과 커피잔의 터키 그린부터 그렇다. 50년 전, 스무 살 언저리에 이곳에 와봤던 사람이라도 실내에 들어서면 무엇보다 먼저 변하지 않은 색조에서 마음이 놓일 것이다. 벽면은 아이보리, 상아색이다. 소파와 의자는 레드 와인색이다. 보고 난 신문을 접어 놓아두는 거치대 역시 100년 전 그대로다. 1884년, 벨 에포크, 황금시대 때와 같다.

가르송(garçon·웨이터)이 메뉴를 주고 간다. 메뉴의 뒷면에는 '문학 카페'라는 제목과 함께 간단한 설명문이 적혀 있다. 되 마고는 작가들이 특히 좋아했다. 헤밍웨이, 보부아르, 사르트르, 카뮈가 단골이었다. 1950년대는 실존주의 철학자들과 작가들

↑ 카페 되 마고의 실내 기둥에는 중국 상인 인형이 자리 잡고 있다.
↓ 되 마고에서 글을 쓰고 있는 보부아르.

이 이곳의 단골이었다. 카페 벽면에는 이 카페의 단골이었던 작가들의 흑백사진 액자 여러 개가 걸려 있다. 헤밍웨이, 보부아르, 피카소와 연인 도라 마르…….

보부아르 사진이 특히 눈길을 사로잡는다. 되 마고에서 실제로 글을 쓰는 모습이다. 이 흑백사진은 청춘의 나를 사로잡은 사진이기도 하다. 되 마고의 존재는 헤밍웨이를 통해 처음 알게 됐지만, 되 마고에 대한 열망을 부추긴 것은 보부아르의 사진이었다. 막연하게 작가의 삶을 꿈꾸던 스무 살 언저리, 이 사진 한 장이 나를 뒤흔들었다. 언젠가는 되 마고의 저 자리에 앉아보리라, 저 자리에서 보부아르를 느껴보겠노라. 다짐하고 또 다짐했다.

사진 속의 보부아르는 만년필로 글을 쓰고 있다. 무슨 만년필일까. 사진이 작아 브랜드가 드러나 보이진 않는다. 펜촉의 느낌은 어땠을까. 펜촉 끝으로 흘러나오는 잉크처럼 생각이 술술 풀려 모내기 판의 모처럼 원고지에 박혀나갈 때, 보부아르는 행복했을 것이다.

어니스트 헤밍웨이가 파리에 처음 도착한 것은 1920년이었다. 그는 1920년대와 1930년대 파리에 장기 체류하며 글을 썼다. 제1차 세계대전이 끝나고 파리가 세계 예술의 수도로 각광을 받을 때였다. 1920년부터 1940년까지 전 세계의 작가, 예술가, 음악가, 영화인이 파리로 모여들었다. 특히 미국인들이 파리를 사랑했다. 미국, 영국, 스페인, 스위스, 러시아, 아일랜드 등에서 재능 있는 사람들이 파리로 향했다. 그들은 파리의 하늘 아래에서 숨만 쉴 수 있다면 아무렇게나 되어도 좋다, 굶어 죽어도 좋다는 심정이었다. 이 시대를 '아방가르드 파리'로 부른다. 문화적 배경이 다른 사람들이 세계 각지에서 모여들면서 파리는 새로운 사상과 사조의 발전소가 되었다. 영화 「미드나잇 인 파리」는 주로 이 시기의 파리를 묘사한다.

헤밍웨이는 캐나다 최대의 일간지 『토론토 스타』의 특파원으로 스물한 살에 파리에 와서 6년간을 주재했다. 그 시절 이탈리아의 파시스트 지도자 무솔리니를 인터뷰하기도 했다. 헤밍웨이는 소설을 쓰고 싶었다. 하지만 신문사 특파원 일을 하면서는 도저히 소설을 쓸 수가 없었다. 결국 헤밍웨이는 회사에 사표를 내고 전업 작가 생활을 시작한다. 그가 생제르맹에서 드나들던 카페가 되 마고다.

되 마고의 메뉴 역시 옛날 그대로다. 커피값은 약간 비싼 듯하지만 핫초콜릿, 애플파이, 오믈렛과 같은 대표 메뉴들은 가성비가 높다. 세월을 뛰어넘어 미식가를 황홀하게 한다.

식당이든 카페든 공간의 품격을 완성하는 것은 화장실이다. 아무리 커피가 맛있고 음식이 좋아도 화장실이 지저분하면 끝이다. 다시 가고 싶은 마음이 싹 가신다. 지하에 있는 되 마고의 화장실은 고객의 자존감을 한껏 높여준다. 나선형 계단부터 품격이 묻어난다. 화장실은 넓지 않지만 되 마고의 역사와 전통에 티끌만큼도 누가 되지 않는다.

카페 드 플로르: 누벨바그 영화 운동이 태동하다

이제는 '카페 드 플로르'로 가보자. 되 마고와 작은 골목길을 사이에 두고 있다. 플로르로 가는 대로변에는 파리에서 가장 큰 신문 가판대가 있다. 모든 신문과 주간지, 월간지 등을 판매한다. 뭐라도 읽을거리를 사 들고 카페로 들어가야 할 것만 같다.

카페 드 플로르는 1층과 2층으로 이뤄져 있다. 모임을 하기에는 2층이 한갓지고 오붓하다. 생제르맹 대로에서 되 마고와 플로르는 오랜 세월 라이벌 관계였다. 두 곳을 다 드나드는 사람도 있었고, 둘 중 한 곳만을 선호하는 사람도 있었다.

파리가 나치 독일에 점령당한 시기(1940~1944)에는 되 마고의 단골들이 우르르 플로르로 옮겨 갔다. 되 마고가 난방이 잘되지 않았기 때문이었다. 사르트르와 보부아르도 그때부터 플로르를 자주 찾았다. 실존주의는 나치 점령기라는 폭압적인 시기에 플로르라는 공간에서 꽃을 피웠다.

되 마고의 라이벌 카페, 플로르.

최근에 번역 출간된 아녜스 푸아리에의 책『사랑, 예술, 정치의 실험: 파리 좌안 1940-50』(노시내 옮김, 마티)에서 나치 점령기 생제르맹 카페 지식인들의 초상을 엿볼 수 있다. 이 책에는 장 폴 사르트르의 글이 인용된다.

> "독일 점령기만큼 자유로웠던 적은 없었다. 나치의 맹독(猛毒)이 우리의 사고를 해치고 있었기에 자유로운 사고 하나하나가 전부 승리였다. 우리의 투쟁 상태는 끔찍할 때가 많았어도 이 피폐하고 견디기 어려운 상황, 이른바 '인간 조건'이 우리에게 열린 삶을 허락했다."

플로르는 1950년대 후반부터 시작된 누벨바그(nouvelle vague) 영화 운동이 태동한 곳이다. 영화의 새로운 흐름이라는 뜻의 누벨바그 운동은 할리우드에 대한 반동(反動)에서 시작되었다. 할리우드 영화가 스튜디오 세트 안에서 촬영했다면 누벨바그 운동은 밖에서 자연광을 활용한 촬영을 중시했다.

플로르 2층에서 누벨바그의 기수들이 정기적으로 모였다. 프랑수아 트뤼포, 장뤼크 고다르, 클로드 를루슈 등이 새로운 영화의 길을 놓고 열띤 토론을 벌였다. 우리는 클로드 를루슈 감독의 「남과 여」(1966)를 통해 누벨바그 영화를 조금은 맛보았다. 「남과 여」는 누벨바그 영화가 할리우드 영화와 이렇게 다르구나 하는 것을 각인시켰다. 프랑시스 레이가 만든 주제가도 이 영화를 잊지 못하게 만드는 데 결정적인 기여를 했다. '단단단 다다다다다 다다다다나~.' 한 번 들으면 잊히지 않는, 그래서 누구나 흥얼거릴 수 있는 감각적인 멜로디다(영화의 무대가 된 도빌 해변가에는 감독의 이름을 딴 광장이 있다).

이브 몽탕의 부인인 배우 시몬 시뇨레도 플로르의 열광적인 단골손님이었다. 그녀는 플로르와 관련해 이런 말을 남겼다.

"내가 삶을 받은 곳은, 아니 그보다 오늘의 나는 1941년 3월의 어느 날 밤 파리 6구 생제르맹 거리의 카페 드 플로르에서 태어난 사람입니다."

플로르의 화장실은 아주 드물게도 2층에 있다. 볼일이 급하면 자연스럽게 카페 정문으로 들어가 2층에서 약속이 있는 것처럼 올라가도 누가 뭐라 하지 않는다.

이제 몽파르나스 대로로 가본다. 몽파르나스로 가기 전에 먼저 뤽상부르 공원을 기억해두자. 파리 지도에서 뤽상부르 공원을 본다. 생제르맹 대로는 뤽상부르 공원 위를, 몽파르나스 대로는 뤽상부르 공원 아래를 각각 지난다. 제1차 세계대전 이전, 몽파르나스 지역은 러시아 좌익 혁명가들이 출몰하던 공간이었다. 이들은 카페에 모여 러시아와 세계의 문제를 단 한 번에 해결할 수 있는 혁명을 궁리하며 머리를 맞댔다. 그들 중에는 레닌과 트로츠키도 있었다.

몽파르나스의 중심은 뭐니 뭐니 해도 지하철 바뱅역 주변이다. 바뱅역 앞에는 작은 광장이 있는데, 그 이름은 피카소 광장이다. 일곱 개의 길이 교차하는 광장이다.

이곳에서 꼭 가봐야 할 카페는 셀렉트(Le Select), 쿠폴(La Coupole), 클로즈리 데 릴라(La Closerie des Lilas), 돔(Le dome) 네 곳이다. 먼저 셀렉트부터 가본다. 헤밍웨이가 『토론토 스타』 특파원을 그만두고 전업 작가로 소설을 쓰기 시작하던 1925년 문을 열었다. 셀렉트는 고국을 떠나온 작가와 예술가들이 선호했다. 러시아 소설가 블라디미르 나보코프, 스위스 조각가 알베르토 자코메티, 미국 현대무용가 이사도라 덩컨, 일본 조각가 이사무 노구치 등이 셀렉트에 자주 들락거렸다.

몽파르나스 대로변에 있는 쿠폴은 셀렉트보다 2년 뒤인 1927년 문을 열었다. 넓은 야외 테라스로 유명하다. 이곳 역시 몽파르나스 지역에 터전을 잡은 작가와 예술가들이 선호한 카페다.

클로즈리 데 릴라: 헤밍웨이가 단숨에 떠오르다

'클로즈리 데 릴라'도 바뱅역에서 가깝다. 헤밍웨이가 소설가로 명성을 얻기 전 자주 이용한 공간이었다. 스콧 피츠제럴드, 앙드레 브르통, 에즈라 파운드, 제임스 조이스, 만 레이 등도 이곳의 단골이었다. 헤밍웨이는 아침 일찍 숙소에서 노트를 들고 나와 클로즈리 데 릴라 야외 테라스 한쪽 모퉁이에서 커피 한 잔을 시켜놓고 미친 듯 글을 썼다. 그는 글을 쓰는 자신을 가리켜 "눈먼 돼지 같다"라고 표현하기도 했다. 덩치 좋은 남자가 작은 테이블에 쭈그리고 앉아 주변 시선에 아랑곳하지 않은 채 혼자 중얼거리며 글에 몰입하는 모습은 돼지처럼 보일 수도 있겠다. 그런 자신을 가리켜 "눈먼 돼지 같다"라고 했으니 헤밍웨이의 직설적인 유머 감각도 알아줘야 한다.

당시 생제르맹과 몽파르나스에는 이방인들이 출신지에 따라 자주 가는 카페가 있었다. 국적별로 보면 아무래도 미국 작가들이 다수이다 보니 그들만의 모임이 따로 있었다.

헤밍웨이는 미국 작가들이 많이 모이는 곳을 피하려 애를 썼다. 마침내 그는 1926년 데뷔작 『해는 또다시 떠오른다』를 클로즈리 데 릴라의 테라스에서 6주 만에 써냈고, 하루아침에 문단의 주목을 받게 된다. 『해는 또다시 떠오른다』는 제1차 세계대전 후 등장한 '잃어버린 세대'의 바이블로 읽히며 젊은 층을

돔 카페 전경. 현재는 해산물 전문 식당으로 운영 중이다.

사로잡았다. 이것은 헤르만 헤세의 『황야의 이리』가 미국에서 시작된 히피 운동의 경전으로 읽힌 것과 흡사하다.

셀렉트 카페 길 건너에는 돔 카페가 보인다. '종군 사진기자의 전설' 로버트 카파의 단골 카페였다. 싸구려 방값조차 없어 몰래 호텔을 빠져나오던 시절, 카파는 돔에서 사람을 만나며 일거리를 찾아다녔다. 애인 게르다 타로를 만난 곳도 돔 카페였다. 현재는 해산물 전문 식당으로 변했지만 몽파르나스의 전통을 이어온 공간이다.

로통드: 모딜리아니 성지 순례의 모든 것

몽파르나스 대로, 지하철역 옆에 있는 '로통드(La Rotonde)'는 한 번쯤은 들어가 볼만한 공간이다. 특히 모딜리아니를 사랑하는 팬이라면 다른 곳 제쳐놓고 반드시 가봐야 한다. 로통드는 모딜리아니 성지 순례의 출발역이면서 종착역이다.

몽마르트르에서 방황하다 피카소의 조언을 듣고 몽파르나스로 무대를 옮긴 모딜리아니! 그 시절 모딜리아니가 단골로 드나들던 카페가 로통드였다. 모딜리아니는 이곳에서 술을 마셨고 여자를 유혹했다. 로통드는 모딜리아니의 화실이 있던 '그랑 쇼미에르' 골목길과도 가깝다.

모딜리아니의 단골 카페, 로퉁드.

그랑 쇼미에르 골목길 8번지에서 모딜리아니는 폴 고갱과 같은 아틀리에를 사용했다. 8번지에서 몇 걸음 되지 않는 '그랑 쇼미에르 아카데미'는 외관은 초라해 보이지만 세계 미술사에서 중요한 공간이다. 19세기 프랑스에서 외국인과 여성의 입학을 받아들인 유일한 미술 아카데미였다. 그렇다 보니 외국에서 온 예술가들과 여성들이 이 아카데미를 거쳐 갔다. 모딜리아니가 화가 지망생 잔 에뷔테른을 만난 곳도 이곳이었다. 프랑스에서 주로 활동한 한국 화가 이성자(1918~2009)도 이곳에서 현대미술을 공부했다.

몽파르나스에 남아 있는 모딜리아니의 흔적을 만나고 로통드를 찾는다면 그 감회가 특별할 수밖에 없다. 로통드에 들어가는 순간, 이방인들은 움찔한다. 카페가 아니고 마치 화랑에 온 것 같은 분위기 때문이다. 벽면이 온통 모딜리아니의 그림들이다(물론 복제품이지만). 테라코타빛이 진동해 잠자는 관능을 흔든다. 모딜리아니의 몽파르나스 시절은 로통드를 빼놓고는 설명이 불가능하다. 로통드에 가면 품위 있게 늙어가는 파리지앵들의 우아한 담소를 엿들을 수 있다.

제2차 세계대전 후 몽파르나스 카페들은 전성기의 영광을 북쪽에 있는 생제르맹에 넘겨준다. 실존주의 운동이 파리 지성계를 강타해서다. 실존주의 사상의 창시자 장 폴 사르트르와 그를 따르는 일단의 지식인들이 앞서 설명한 대로 되 마고와 플로르를 자주 이용했다.

지금까지 19세기부터 20세기를 거쳐 21세기까지 살아남은 생제르맹과 몽파르나스의 카페들을 들어가 보았다. 물론 지금은 세월을 이기지 못하고 지적인 명성을 상당 부분 잃어버린 게 사실이다.

그렇다면 파리에는 언제부터 카페가 생겨났을까. 파리 카페의 역사가 궁금해진다. 이 질문의 답은 '앙시앵코메디' 길 13번지에 가면 얻을 수 있다.

카페 프로코프(Le Procope)는 1686년 파리에서 최초의 커피하우스로 문을 열었다. 그리고 세상에 나오자마자 정치인·작가·배우들이 드나들면서 명성을 얻기 시작했다. 프로코프가 특히 유명해진 것은 철학자 볼테르와 벤저민 프랭클린, 그리고 나폴레옹 보나파르트 세 사람 덕이다. 볼테르는 프로코프의 초콜릿 커피를 특히 좋아했다. 그는 이곳에서 하루 평균 40잔 이상 초콜릿 커피를 마신 것으로 알려졌다.

그렇다면 나폴레옹은 프로코프와 무슨 인연이? 장교로 승승장구하기 전, 패기 넘치는 젊은 나폴레옹은 이곳을 자주 찾았다. 커피값조차 없을 정도로 궁핍했지만 프로코프의 분위기를 느껴보고 싶었다. 나폴레옹은 계산서가 나오면 테이블에 자신

볼테르와 나폴레옹이 자주 찾던 카페 프로코프의 전경과 명판(아래).

의 모자를 올려놓고 밖으로 나갔다. 곧 돌아온다는 표시였다. 그러고는 돈을 빌리러 지인을 찾아 나섰다. 프로코프는 정문보다는 오히려 후문 쪽이 분위기가 좋다. 포석이 깔린 고즈넉한 공간으로, 마치 17세기 말로 시간여행을 온 것 같다.

'카페'는 레스토랑과 마찬가지로 프랑스어다. 우리는 마치 우리말처럼 '카페'와 '레스토랑'을 사용한다. 카페와 레스토랑은 프랑스의 수출품이다. 지금까지 파리의 카페들을 둘러보았다. 짧게는 90년 된 카페부터 330년이 넘은 카페까지.

생제르맹 카페의 권위를 보여주는 한 가지 사례. 되 마고는 1933년 '되 마고 상(Le Prix des Deux Magots)'을 제정해 현재까지 운영 중이다. 재능 있는 신인 작가를 발굴해 상금과 함께 시상하는 상이 '되 마고 상'이다. 오늘도 되 마고 한쪽 구석에서는 조용히 집필에 몰두하는 작가를 만날 수 있다.

강물도 흐르고 사랑도 흐르고

다시 영화로 돌아간다. 영화 끝부분에 길 펜더가 센강 옆을 비를 맞으며 걸어가는 장면이 나온다. 세계의 수도 대부분은 강을 끼고 있다. 내가 천재 시리즈를 쓰면서 취재한 도시들만 언급해보면 빈은 도나우강, 프라하는 블타바강, 런던은 템스강, 뉴욕은 허드슨강, 상트페테르부르크는 레나강, 파리는 센강, 베를린은 슈프레강이다.

이 중에서 도시민의 일상과 가장 밀접한 강은 어디일까? 단연코 센강이다. 센강은 강폭이 넓은 곳도 있지만 좁은 곳이 훨씬 더 많다. 그래서 산책자들에게 더 친화적이다. 강 이쪽에서 강 저쪽까지 목소리가 넘어간다.

센강은 노트르담 성당이 있는 시테섬을 만나 물줄기가 두 갈

래로 갈라진다. 시테섬 주변의 센강은 그 폭이 정말 좁다. 그 위를 앙증맞은 다리들이 두 팔과 두 다리를 뻗어 걸쳐 있다. 센강의 거의 모든 둔치는 시민들이 즐기는 공간으로 개발됐다. 조용히 산책하기에도 그만이고 계단을 내려가 홀로 사색하거나 책을 읽기에도 딱이다. 여름날 몇몇 둔치에서는 한여름 밤의 황홀한 댄스파티가 열린다.

이렇게 센강은 그 어떤 수도의 강보다 훨씬 더 깊고 넓게 프랑스인의 삶 속에 스며들어 있다. 지하철이나 버스에서 내려 2~3분이면 센강에 접근이 가능하다. 파리지앵은 언제든지 강둔치를 산책할 수 있다.

파리지앵들은 센강 선상파티를 즐긴다. 센강 선상파티는 파리지앵의 일상 속에 아주 깊숙이 들어와 있다. 한불상공회의소도 매년 송년회를 센강 위에서 개최한다. 한불상공회의소는 배 전체를 하루 동안 전세 내 파티를 연다. 루이까또즈는 지난 2015년, 창립 35주년 기념파티를 '베데트 드 파리'에서 했다. 센강을 한 바퀴 도는 베데트 드 파리는 에펠탑 아래 선착장에서 출발한다.

세계 유명 도시의 강들은 수많은 다리를 이고 있다. 그 강들 중에서 단연코 가장 명성이 드높은 것은 센강이다. 런던 한복판을 휘돌아 가는 템스강도 센강을 따라가지는 못한다.

센강과 에펠탑.

센강에는 총 37개의 다리가 놓여 있다.
위에서 두 번째 다리가 그르넬교다.
'자유의 여신상' 뒷모습이 보인다.

왜 그럴까? 문학과 예술에서 센강이 빈번하게 언급되어서다. 지금 이 순간에도 센강은 누군가의 글이나 노래에 등장한다.

에디트 피아프와 함께 한국인이 좋아하는 샹송 가수가 실비 바르탕(1944~)이다. 실비 바르탕은 불가리아가 고향이다. 그가 1968년에 발표한 노래가 「마리차강 변의 추억(La Maritza)」이다. 마리차강은 불가리아의 한강이라고 보면 된다. 노래 제목은 잘 몰라도 멜로디를 모르는 사람은 없다. '라, 라, 라~'로 시작하는 후렴구가 특히 유명한 이 노래의 두 번째 소절에 센강이 언급된다.

"마리차강은 나의 강입니다. 센강이 당신의 것이듯이."

퐁뇌프: 가장 많은 이야깃거리 품어

센강에는 현재 모두 37개의 다리가 있다. 가장 최근에 건설된 다리가 2006년에 놓인 '시몬 드 보부아르' 다리다. 보부아르 서거 20주년에 맞춰 건설된 복층 인도교다. 그러나 이 다리는 그 의미에 비해 한국인에게 덜 알려져 있다. 다리가 파리 중심가에서 조금 떨어져 있기 때문이리라.

37개 다리 중에서 가장 유명한 다리는 아마도 '퐁뇌프'일 것이다. 쥘리에트 비노슈가 주연한 1992년의 영화 「퐁네프의 연인들」 덕분이다. 그전까지는 '미라보 다리'였다. 기욤 아폴리네르의 시 「미라보 다리」 덕분이었다. 사랑의 열병으로 괴로워하던 청춘기에는 누구나 이 시의 첫 구절을 암송했다(하지만 다리 자체는 그리 낭만적이지 않다).

'미라보 다리 아래 센강이 흐르고
우리의 사랑도 흐른다.'

퐁뇌프(Pont Neuf)는 '새 다리'라는 뜻이다. 영화 「퐁네프의 연인들」은 보수 공사로 일시 폐쇄된 퐁뇌프에서 시력을 잃고 방황하는 화가와 거리 차력사의 애절한 사랑을 그린다.

퐁뇌프는 시테섬의 끝자락에 살짝 걸쳐 있다. 시테섬은 하늘에서 보면 볍씨처럼 생겼다. 퐁뇌프는 몇 가지 역사적인 기록을 보유하고 있다. 우선 파리 센강에 놓인 최초의 석축교다. 앙리 3세 때인 1578년에 건설을 시작해 앙리 4세 때인 1607년에 완공되었다. 앙리 4세의 기마상이 세워져 있다.

또한 퐁뇌프는 최초의 석축교이면서 건축물이 없는 최초의 다리였다. 이게 무슨 말인가. 그전에 건설된 유럽 주요 도시 대부분의 다리 양옆에는 건물들이 들어섰다. 이른바 주상복합 건물이었다. 자동차가 나오기 전, 그러니까 마차가 주요 교통수

시테섬 끝자락에 놓인 퐁뇌프.

단이던 시대다. 다리 위를 걷는 것은 상가 사이를 오가는 것과 같았다. 런던교 같은 템스강 위의 다리들도 사정은 마찬가지였다. 다리 위 주택에 사는 사람들은 모든 생활 폐기물과 오물을 강물에 버렸다. 강 오염이 심각해지고 교량 안전 문제가 대두되면서 당국은 다리 위에 집을 짓지 못하게 했다.

파리의 시원(始原)은 시테섬이다. 기원전 200년 로마제국이 지배하던 시절 파리는 시테섬과 센강 좌안이 전부였다. 센강 좌안은 현재의 라틴 지구에 해당한다.

그 작은 시테섬에 다리가 자그마치 9개다. 샹주 다리, 노트르담 다리, 두블레 다리, 생루이 다리……. 센강에서 가장 길이가 짧은 다리도 시테섬에 있다. 너무 짧아 이름을 짓기가 미안했는지 그냥 '작은 다리(petit pont)'다. 웃음이 나온다. 다리는 다리인데 이름이 없다. 이름이 없는 유일한 다리다.

여행객들이 시테섬을 찾는 목적은 명확하다. 노트르담 성당을 보기 위해서다(노트르담 성당은 2019년 4월 불이 나 현재 복원 공사가 진행 중이다). 노트르담 성당은 지하철을 이용하는 게 가장 편리하다. 샤틀레역이나 시청역에서 내리면 된다. 여행객이 선호하는 코스는 시청역에서 내려 노트르담 다리를 건너 성당에 이르는 방법이다. 노트르담 다리는 인도가 양옆에 설치된 왕복 2차선 차도다. 시테역에서 직접 내려가는 방법도 있지만 노트르

노트르담 다리(위)와 샹주 다리. 둘 다 시테섬에 있다.

담 다리를 건너 노트르담 성당으로 가는 게 여행하는 맛이 난다. 다리를 건너 쉬엄쉬엄 걸어도 5분이면 성당 앞마당에 이른다.

시테섬에서 주목할 교량이 샹주 다리(Pont au Change)다. 빅토르 위고(1802~1885)의 대표작은 『파리의 노트르담』과 『레 미제라블』이다. 『파리의 노트르담』은 알려진 대로 시테섬과 센강 좌안이 주요 무대다. 마녀사냥이 횡행하던 중세, 거처가 불분명한 집시 여인 에스메랄다가 마녀사냥의 희생양이 되면서 비극적인 사랑이 시작된다.

그런데 『레 미제라블』에서도 시테섬이 언급된다. 『레 미제라블』을 영화로 감상했든 책으로 읽었든 누구나 뇌리에 박힌 몇 개의 장면이 있다. 그중 하나가 장 발장이 시가전의 혼돈 속에서 포로로 잡힌 자베르 경감을 처리하는 장면이다. 장 발장은 시민군 지도자에게 말한다. "자베르는 내가 처리하겠다." 장 발장은 자베르 경감을 으슥한 골목길로 데려간다. 그러고는 자베르의 관자놀이에 총을 겨눈다. 영화 관객이나 독자들은 이 장면에서 혼연일체가 되어 마음속으로 외친다.

'쏴라, 쏴라, 쏴라.'

가엾기 짝이 없는 장 발장과 피도 눈물도 없는 자베르. 자베르는 장 발장을 거머리처럼 진절머리 나게 괴롭히은 인물 아닌

가. 자베르도 체념한다. 살려달라고 애원하지 않는다. 반전은 여기서 일어난다. 장 발장은 총을 겨눴지만 끝내 방아쇠를 당기지 않는다. 그리고 말한다.

"가라, 내 눈앞에 다시는 나타나지 마라."

장 발장은 후미진 골목길에서 즉결 처형권을 가진 절대 권력자였다. 피비린내 진동하는 혁명의 와중에서 일개 경찰관 한 명의 시체가 후미진 골목길에서 나뒹군들 무슨 대수일까. 그러나 장 발장은 죽여야 하는 사람을 죽이지 않는 것으로 권력을 행사한다. 이 대목은 스필버그의 영화 「쉰들러 리스트」의 주인공 오스카 쉰들러가 나치 장교 아몬 괴트를 설득하는 장면을 연상시킨다. "죽일 수 있는 사람을 죽이는 게 권력이 아니라 죽일 수도 있는 사람을 죽이지 않는 게 진짜로 권력을 행사하는 것이다." 마침내 나치 장교는 쉰들러의 설득에 감화되어 유대인 구명 리스트를 받아들인다.

목숨을 건진 자베르는 방황한다. 혼이 나간 사람처럼 정처 없이 센강을 배회한다. 그토록 괴롭힌 인물로부터 용서를 받고 목숨을 구한 나라는 인간은 도대체 무엇이란 말인가. 센강을 건너다 자베르는 다리 아래로 몸을 던진다.

영화에서는 언급되지 않지만 소설에는 이 다리가 상주 다리로 나온다. 퐁뇌프와 노트르담교 사이에 있는 다리다. 나폴레옹 3세 시절 재건되어 거대한 'N' 자 마크가 붙어 있다. 샹주 다리 아래를 내려다본다. 다리는 짧은 편이지만 수심은 깊어 보였다. 샹주 다리는 쥐스킨트의 소설 『향수』에서도 잠깐 언급된다. 영화로 만들어진 「향수」에서는 컴퓨터그래픽으로 샹주 다리가 복원되었다. 샹주 다리와 그 아래의 거친 물살을 보며 생각했다. 위고는 왜 자베르의 자결 장소로 샹주 다리를 선택했을까. 그럴 만한 이유가 있을 텐데.

퐁데자르: 가난한 사람들에게 가혹한

시테섬의 다리들을 둘러봤다면 이제 게으른 산책자의 걸음으로 '퐁데자르(Pont des Arts)'로 가본다. 루브르 박물관과 프랑스 아카데미를 연결하는 다리가 퐁데자르다.

퐁데자르는 1804년 센강에 설치된 최초의 주철(朱鐵)교다. 19세기 중반의 파리를 배경으로 한 소설을 보면 '퐁데자르 이야기'가 어김없이 나온다. 예컨대 발자크의 『나귀 가죽』(이철의 옮김, 문학동네)을 보면 이렇게 묘사된다.

"그 순간 라파엘은 친구들과 함께 퐁데자르 다리를 건너고 있었는데, 그 다리 위에서 그는 친구들의 발을 흘러들으면서 센강의 쿨렁거리는 물살 위에 파리의 야경이 비치는 모습을 내려다보았다. 얼마 전까지 빠져 죽으려고 했던 이 강물 위에서 그는 생각에 잠겼다."

"그 긴 공부 기간 동안 퐁데자르 다리를 건너다닌 기억도 없고 물을 사본 기억도 전혀 없다네. 나는 아침마다 그레 거리 귀퉁이에 있는 생미셸 광장 분수에 가서 물을 길어 왔지. 오! 나는 내 가난을 자랑스럽게 여겼다네."

퐁데자르는 유료였다. 한 번 건너는 데 1수(sou·프랑스의 옛 화폐 단위)가 들었다. 상류층 전용 인도교로 세워졌기 때문이다. 『나귀 가죽』의 가난한 주인공 라파엘은 1수가 아쉬웠다. 라파엘은 몇 푼이라도 아끼려 퐁데자르를 건너지 않고 우회로로 다녀야만 했다.

지금 우리가 걷는 다리는 1804년의 그 다리가 아니다. 1984년 상판과 난간을 새로 만들었다. 현재의 이름은 '파스렐 데자르'. 파스렐은 인도교라는 뜻이다. 하지만 파리지앵들이나 여행객들은 여전히 '퐁데자르'로 부른다. 파스렐 데자르라고 부르는 사람은 거의 없다. 교량이 시작하는 양쪽에 'Pont des Arts'라는 글자가 선명하다.

폼데자르. 현재 이름은 '파스렐 데자르'지만, 사람들은 여전히 퐁데자르라고 부른다.

퐁데자르는 사랑의 언약 열쇠로 또 다른 유명세를 치렀다. 언제부터인지 연인들은 자물쇠에 두 사람의 이름을 써서 다리 난간에 걸기 시작했다. 이게 언론에 보도되고 입소문이 나면서 너도나도 퐁데자르에 와서 자물쇠를 매달았다. 그 숫자가 수천 개로 불어나자 파리시 당국은 고민에 빠졌다. 수천 개에 이르는 자물쇠의 무게가 교량 안전에 심각한 문제를 일으킬 수도 있어서였다. 고심 끝에 파리시 당국은 다리 난간에 걸린 자물쇠를 철거하기에 이른다. 대신 그라피티 장식을 해놓았다. 현재는 강둑 난간에만 자물쇠를 매달도록 했다.

퐁데자르는 1804년 당시나 지금이나 똑같이 인도교다. 현재는 상판을 나무로 깔았다. 다리 한가운데에는 등받이가 없는 나무 벤치가 여러 개 놓여 있다.

나무 벤치에 앉아 멍하니 센강의 출렁거림과 바람을 느껴보는 재미도 쏠쏠하다. 상판의 나무 틈 사이가 조금씩 벌어져 있어 발아래로 센강의 흐름도 느낄 수 있다. 퐁데자르에 서면 이상하게 바람이 세게 불 때가 많다. 모자를 단단히 눌러쓰지 않으면 바람에 날아갈 수도 있다.

사진작가 앙리 카르티에 브레송은 파이프 담배를 문 사르트르의 초상 사진을 퐁데자르에서 찍었다. 겨울철, 인적 드문 을씨년스러운 퐁데자르. 루브르 박물관의 돔마저도 냉랭한 강바람에 떠는 듯하다. 사르트르는 긴 파이프 담배를 문 채 잠깐 한 눈을 팔았다. 그때 브레송은 셔터를 눌렀다. 그렇게 퐁데자르에서 사르트르의 찰나는 순간에서 영원으로 기록되었다.

센강의 37개 다리 중에서 가장 화려한 곳은 어디일까? 알렉상드르 3세교다. 일단, 다리 양쪽 입구에 서 있는 20미터 높이의 기둥에 금색 청동상이 장식되어 있는 것만으로도 유명하다. 1900년 파리 만국박람회를 기념해 건설되었다. 1892년 체결된 러시아·프랑스 동맹을 기념하기 위해 러시아 황제 알렉산드르 3세가 호화로운 다리를 선물했다. 아치형 난간 기둥마다 황금빛 사자상과 여신상 조각들을 세워놓았다. 파리시 당국은 이 교량의 유지 관리를 위해 정기적으로 금박을 입히는 보수 공사를 한다.

알렉상드르 3세교를 감상하는 최상의 코스는 샹젤리제에서 출발하는 길이다. 대통령 집무실이 있는 엘리제궁을 뒤로하고, 대로 양옆의 그랑 팔레와 프티 팔레를 감상하며 센강을 향해 걸어가면 만나게 되는 다리가 알렉상드르 3세교다. 알렉상드르 3세교를 건너면 나폴레옹이 영면하고 있는 앵발리드로 이어진다.

그렇다면 사람들의 왕래가 가장 많은 센강의 다리는 어디일까? 이에나교(Pont d'Iena)다. 지하철로 에펠탑을 찾아가는 사람들은 대부분 이 다리를 건넌다. 버스나 승용차로 에펠탑 바로 아래서 내리지 않는다면 말이다. 실제로 에펠탑은 지하철로 찾아가는 사람의 비율이 가장 높다.

이에나교를 중심으로 하류 방향에서 두 번째 다리도 가볼 만한 다리다. 파리 15구와 16구를 잇는 그르넬교(Pont de Grenelle). 이름은 매우 낯설지만, 이 다리의 중간쯤에는 너무나도 익숙한 구조물이 서 있다. '자유의 여신상' 뒷모습이다. 우리는 뉴욕 허드슨강 리버티섬에 세워진 자유의 여신상을 사진으로든 실물로든 수없이 보아왔다. 우리는 『파리가 사랑한 천재들』의 구스타브 에펠 편에서 자유의 여신상과 관련된 이야기를 이미 접했다. 영국과 앙숙 관계이던 프랑스는 북아메리카에서 벌어진 미국의 독립전쟁을 물심으로 지원했다. 프랑스는 미국 독립 100주년을 축하하는 의미에서 자유의 여신상을 제작해 미국에 선물했다. 자유의 여신상은 조각가 프레데리크 바르톨디의 아이디어로 제작을 진행해오다 엔지니어가 사망하는 바람에 에펠이 구조 설계를 맡아 완성했다.

그르넬섬의 '자유의 여신상'이 바라보는 시선을 일직선으로 이으면 대서양 건너 뉴욕의 '여신상'을 만난다. 에펠의 설계로 프랑스에서 태어났지만 미국에 양자로 가면서 헤어진 일란성 쌍둥이 여신상을 그리워하는 게 그르넬섬의 '자유의 여신상'이다.

↑ 해 질 무렵의 샹젤리제. ↓ 알렉상드르 3세교.

그르넬교 중간에 서 있는
'자유의 여신상'.

이에나교에서 상류 쪽으로 쳐다보면 두 번째 다리가 알마교(Pont de l'Alma)다. 센강 크루즈 여행을 하는 사람들이 가장 많이 찾는 곳이기도 하다. 알마 다리 아래 선착장에서 대형 유람선 바토 무슈가 출발한다.

파스렐 시몬 드 보부아르: 고정관념을 유쾌하게 깨버리다

가장 최근에 건설된 다리에 파리시 당국은 왜 '파스렐 시몬 드 보부아르'라고 이름 지었을까. 이 복층 인도교는 파리 12구인 베르시 지구에서 프랑스 국립도서관(BNF)이 있는 톨비악 지구로 연결된다. BNF는 미테랑 대통령이 추진한 '그랑 프로제(Grand Project·대규모 문화 건축물 프로젝트)'의 일환으로 건설되었다. 그래서 미테랑 도서관으로도 불린다. BNF를 설계한 사람은 건축가 도미니크 페로(Dominique Perrault·이화여자대학교 ECC를 설계했다). 1996년에 완공했다. 프랑스인의 국립도서관에 대한 애정은 각별하다. 1480년에 왕립도서관으로 세워져 현재에 이르고 있는, 세계에서 가장 오래된 국립도서관이라는 자부심도 한몫한다.

20세기 프랑스인을 통틀어 책을 가장 많이 읽은 사람 다섯 명을 꼽는다면 그중 한 사람이 보부아르일 것이다. 교사를 하면서 습작을 해온 보부아르는 "모든 신간을 거의 다 읽었다"고 스스로 말할 정도로 책을 많이 읽었다. 그가 1949년에 발표한 『제2의 성』을 조금만 읽어보면 보부아르의 내면을 통과한 책들이 행간에서 어떻게 변주되고 있는지 확인하게 된다. 보부아르가 주로 책을 읽은 곳이 루브르 박물관 안에 있던 BNF다.

이 다리는 보부아르 서거 20주기에 맞춰 2006년 완공되었다. BNF와 연결하는 다리를 복층 인도교로 설계하면서 파리시 당국은 보부아르의 이름을 부여했다.

이 복층 인도교는 멀리서 보는 것도 신기하지만 직접 걸어보면 경이롭기까지 하다. 다리에 대해 갖고 있던 모든 선입견과 고정관념이 산산이 부서져 강바람에 흩날린다. 복층인 1층과 2층이 유선형으로 물결처럼 출렁인다. 위층 상판과 아래층 상판이 붙었다가 떨어지기를 반복한다. 위층을 걷고 있는 어떤 여인을 주시하고 있으면, 어느 순간 그 여인이 데이비드 코퍼필드가 마술을 부린 것처럼 시야에서 사라져버렸다 다시 등장한다. 위층 상판이 너울처럼 이랑과 고랑을 만든다. 상판은 퐁데자르처럼 나무로 되어 있는데, 틈이 조금 벌어져 있어 그 사이로 센강의 물결이 느껴진다. 분명 다리 위를 걷고 있는데 마치 작은 보트를 타고 강을 건너는 듯한 기분을 맛볼 수 있다. 아래층은 당연한 이야기지만 항상 그늘이 진다. 한여름에는 시원

보부아르교. 복층 인도교다.

한 강바람이 불어 데이트 장소로 그만이다. 비가 오면 비를 그으며 센강을 감상할 수 있는 아늑한 피난처가 되기도 한다. 또한 젊은이들의 댄스 연습이나 줄타기 연습 장소로도 애용된다.

보부아르 인도교가 놓여 있는 센강은 강폭이 넓은 편에 속한다. 하지만 인도교의 다양한 재미에 빠져 길다는 느낌을 받지 않는다. 아무리 뙤약볕이 내리쬐는 날이라도 이 다리를 걸으면 런웨이를 걷는 기분이 든다. 시원한 강바람으로 땀방울이 맺힐 틈이 없다.

Tip

파리에 왔다면 센강 크루즈를 한 번은 반드시 경험해야 한다. 낮도 즐겁지만 밤은 황홀하다. 노트르담 성당과 알렉상드르 3세교의 조명 경관, 에펠탑의 점등 쇼를 감상할 수 있는 것은 역시 야간이다. 바토 무슈는 한꺼번에 600명 이상이 탈 수 있는 대형 크루즈. 예약을 하지 않아도 탈 수 있다는 장점이 있다. 주로 학생들이나 관광객들이 이용한다. 바토 파리지앵은 좀 더 고급스러운 크루즈다. 당연히 값도 바토 무슈보다 비싸다. 베데트는 규모가 작은 배다. 친한 사람들끼리 어울려 주로 파티를 할 때 활용되는 배다. 경치도 실내에서 유리창을 통해 감상한다. 퐁뇌프 아래쪽에는 유람선 선착장이 있다. '바토 베데트 뒤 퐁뇌프'다.

왜
묘지
투어인가

프랑스 시인 폴 발레리(1871~1945)는 유럽인을 다음과 같이 규정했다. '그리스 문명과 로마 문명과 기독교 문명이 삼위일체로 내면화된 사람이 유럽인이다.' 유럽에 산다고 해서 누구나 다 유럽인이 될 수는 없다는 이야기다.

유럽인과 한국인은 종교적·문화적 배경 등 모든 게 다르다. 이런 다름은 삶과 죽음에 관한 세계관으로 곧잘 표현된다. 그 차이를 보여주는 가장 흔한 예가 묘지와 죽음 관련 시설을 보는 시각이다. 묘지를 '신들의 땅'이라고 가르치는 기독교 문화와 '귀신이 사는 곳'으로 가르치는 유교 문화에서는 생각의 방식이 다를 수밖에 없다. 유럽에서는 묘지 투어가 아주 일상화되어 어려서부터 묘지 투어를 한다. 묘지 해설사라는 직업이

페르라셰즈 정문.

아예 따로 있을 정도다. 기독교 문명이 내면화된 유럽인은 죽음을 삶의 일부분으로 여긴다. 그래서 묘지를 공동체의 한가운데에 둔다. 우리처럼 눈에 안 보이게 멀리 두지 않는다. 그래서 그들은 묘지 옆의 식당에서 담장 너머 비쭉비쭉 나온 묘비를 보면서 아무렇지도 않게 '현재의 식사'를 즐긴다. 유럽인은 심지어 어린아이조차 화장장이나 봉안당을 혐오 시설이라고 생각하지 않는다. 집 앞에 그런 시설을 짓는다고 님비(NIMBY) 시위 같은 일은 애초에 일어날 수가 없다.

왜 유럽 사회에는 묘지 투어가 깊게 뿌리를 내렸을까. 앞서간 이의 생애를 통해 현재의 삶이 얼마나 소중한지를 깨닫게 하기 때문이다. 죽음을 자각하는 자만이 참된 삶을 깨닫게 된다고 그들은 믿는다. 묘지 투어는 메멘토 모리(Memento Mori·죽음을 기억하라)와 카르페 디엠(Carpe Diem·현재를 즐겨라)을 동시에 가르치는 살아 있는 교육 현장이라는 생각을 그들은 공유한다.

페르라셰즈 묘지: 발자크, 피아프, 모딜리아니가 잠든 곳

내가 파리에서 가장 격조 있는 공원묘지 페르라셰즈(Pere-Lachaise)를 알게 된 것은 소설가 오노레 드 발자크(1799~1850) 덕분이다. 그의 대표작 중 하나인 『고리오 영감』을 읽는데 페르라셰즈에 대한 언급이 나왔다.

"내가 죽어 페르라셰즈 묘지에 묻힐 때에 내 딸들을 빈손으로 두고 떠나면 안 되지."

원래 이곳은 '페르 드 라셰즈'라는 개인 소유의 야산이었다. 하지만 나폴레옹 1세 시절인 1803년 수용되어 공원묘지로 조성된다. 이후 파리의 부르주아들은 페르라셰즈에 묻히는 것을 선호하게 되었다. 공간이 비좁아지자 여러 차례 확장해 현재의 규모에 이르렀다. 소설가 발자크와 마르셀 프루스트, 극작가 오스카 와일드, 작곡가 프레데리크 쇼팽, 화가 아메데오 모딜리아니, 가수 에디트 피아프와 짐 모리슨, 가수 겸 배우 이브 몽탕과 시몬 시뇨레도 이곳에 잠들었다.

지하철 3호선 페르라셰즈역에서 내리면 걸어서 5분 거리다. 성채의 정문 같은 곳으로 들어가면 왼편에 묘지 안내문이 보인다. 공원묘지를 둘러보는 최적의 코스는 정중앙 추모탑에서 양쪽 오르막길로 올라가는 것이다. 이곳에서 보면 파리 시내가 한눈에 들어온다. 왜 파리의 부르주아들이 세상을 뜨고 나서 이곳에 묻히길 원했는지 고개가 끄덕여진다.

언덕 위 48구역 초입에 오노레 드 발자크 묘지가 있다. 두상의 머리카락과 피부는 혈색 좋은 30대의 얼굴이다. 문학의 나폴레옹이 되고야 말겠다던 야심만만한 남자의 형형한 눈빛이

발자크의 묘. 혈색 좋은 30대의 얼굴이다.

다. 발자크 묘지는 페르라셰즈 투어를 하는 사람들이 반드시 방문하는 곳이다.

묘지 기단부에서 주의 깊게 살펴보아야 할 대목이 'HANSKA'라는 이름이다. 우크라이나 출신의 귀족 부인 한스카는 발자크가 오랜 세월 필사적으로 구애를 퍼부은 대상이었다. 한스카는 보기 드물게 미모와 교양과 재력을 모두 갖춘 유부녀였다. 자기중심적인 발자크의 입장에서 보면 한스카와 결혼에 성공하기만 하면 지긋지긋한 글쓰기 노동에서 해방될 수 있었다. 원고지 칸을 메우며 돈을 버는 인생에서 한순간에 벗어날 수 있었다.

프랑스 유명 작가와 우크라이나 귀족 부인. 두 사람이 인연을 맺게 된 것은 1830년 한스카 부인이 보낸 팬레터가 계기였다. 장장 20년에 걸친 비밀 연애 끝에 두 사람은 1850년 결혼에 성공한다. 그 20년 동안 발자크는 414통의 연애편지를 썼다. 한스카 부인은 남편 몰래 작가와 연애를 했지만 발자크의 청혼을 거절하며 애를 태웠다. 결국 남편이 죽고 나서야 둘은 결혼한다. 하지만 그때 작가의 건강은 최악이었다. 발자크는 한스카와 결혼해 글 감옥에서 벗어나기를 간절히 고대했지만 그런 꿈같은 생활은 단 하루도 누려보질 못했다. 심장병이 악화돼 결혼 직후부터 작가는 거의 활동을 하지 못했다. 오히려 한스카는 '발자크 부인'으로 남편 사후 32년을 더 살면서 파리에서 유명 작가의 미망인으로 호사를 누렸다.

페르라셰즈 묘지에서 순례자들이 가장 많이 찾고, 가장 오래 머무는 곳은 97구역 71번의 에디트 피아프(1915~1963) 묘지다. 정확히 말하면, 이곳은 피아프의 아버지 루이 가시옹과 에디트 피아프의 가족묘다. 97구역만 기억하고 있으면 찾는 것은 조금도 어렵지 않다. 눈보라 휘몰아치는 날이 아니라면 97구역에서 사람들이 웅성거리는 곳이 에디트 피아프 안식처라고 보면 된다.

피아프 묘지에서는 묘비 양옆과 앞뒤에 쓰인 글귀를 유심히 살펴봐야 한다. 정면에는 '가시옹-피아프 가족묘'라고 되어 있다. 피아프는 생전에 두 번 결혼했다. 두 번째 남편이 테오 사라포(본명 테오파니스 람부카). 묘비에는 예명이나 필명이 아닌 호적상의 이름을 쓴다. 스무 살 연하인 테오 사라포는 피아프가 눈을 감는 마지막 순간 곁을 지켰다. 묘비에는 이런 글귀가 음각되어 있다. '에디트 피아프로 불린 람부카 부인(Madame Lamboukas dite Edith Piaf)', '테오 사라포로 불린 테오파니스 람부카(Theophanis Lamboukas dit Theo Sarapo)'. 사라포는 교통사고로 숨지고 나서 이 처가의 가족묘에 합장되었다.

나는 에디트 피아프 반대편에 새겨진 이름에서 울컥 슬픔이 치밀었다. '마르셀 뒤퐁'. 피아프가 아버지로부터 독립해 몽마르트르와 피갈 거리에서 찬 바람 맞으며 거리 가수로 활동할 때 잠깐 사랑에 빠져 동거한 남자와의 사이에서 낳은 딸이다. 아이는 두 살 때 돌림병인 수막염에 걸려 하늘계단을 밟고 만다. 피아프는 평생 딸 이야기를 하지 않았고, 결혼해서도 아이를 갖지 않았다. 나는 '마르셀 뒤퐁'의 이름을 뚫어지게 바라보다가 나도 모르게 어떤 팝송을 흥얼거렸다. 에릭 클랩턴이 부른「티어스 인 헤븐(Tears in Heaven)」이다. 클랩턴이 아들을 잃고 쓴 노래다. 먼저 하늘나라로 간 딸은 엄마 피아프를 과연 알아보았을까?

피아프의 묘지에는 참으로 다양한 피부색과 언어를 가진 사람들이 찾아온다. 조금만 머물다 보면 누군가는 노래를 부르거나 흥얼거린다.「장밋빛 인생」이다.

97구역의 맞은편 96구역의 핫스폿은 묘지 번호 70번의 모딜리아니. 길에서 안쪽으로 깊숙이 들어가 있어 찾기 힘들지만, 사람들이 서 있거나 조화가 많은 곳을 찾으면 틀림없다. 붓을 비롯한 여러 가지 화구(畵具)가 놓여 있는 경우가 많다. 알코올 중독자였던 화가를 생각해 맥주 병뚜껑을 올려놓는 사람도 있다. 묘비석 역시 가장 값싼 시멘트 석관이다. 석관에는 사실혼 관계에 있던 잔 에뷔테른의 이름도 새겨져 있다. 잔 에뷔테

피아프의 묘지.

른은 모딜리아니가 폐결핵으로 눈을 감은 이틀 뒤, 비극적으로 생을 마감했다.

모딜리아니는 살아생전 가난에 찌들다가 죽고 나서야 유명해진 천재 화가다. 그의 누드화는 세계에서 가장 비싼 그림 중 하나이다. 2018년 경매에서 「나부」는 1682억 원에 낙찰되었다. 모딜리아니 누드화 중에서 최고로 평가받는 것은 「머리를 푼 채 누워 있는 여인의 누드」(1917)로 일본 오사카 시립미술관이 소장하고 있다.

프레데리크 쇼팽(1810~1849)의 묘지도 참배객이 많다. 쇼팽이 폴란드 바르샤바 출신이다 보니 파리를 여행하는 폴란드 사람들이 찾는 필수 코스가 되었다. 폴란드 국기는 흰색과 빨간색을 위아래로 나란히 배치한 모양이다. 꽃과 폴란드 국기로 인해 겨울철에도 쇼팽 묘지는 빨강 단풍이 든 것 같다.

이곳에서 가까운 '도어스'의 멤버 짐 모리슨(1943~1971) 묘지도 찾는 이가 많다. 여성들이 대부분이다. 푸르르던 시절, 싱어송라이터 짐 모리슨에 열광했던 여성들은 어느덧 노년이 되었다. 그들은 불과 스물여덟에서 인생이 멈춘 천재 뮤지션을 보며 여전히 가슴 아파한다.

몽마르트르 묘지: 죽었지만 죽지 않은 사람들

몽마르트르 묘지는 정문 입구를 찾는 게 쉽지 않다. 가장 편리한 방법은 클리시 대로에 있는 블랑슈역에서 내려 물랭 루주 방향으로 큰길을 따라 쉬엄쉬엄 걸어가는 것이다. 첫 번째 교차로를 지나 직진하면 오른쪽으로 조용한 골목길이 나온다. 길가에 꽃집이 몇 곳 보인다.

몽마르트르 묘지는 언덕의 비탈에 조성되어 있다 보니 묘지 전체가 굴곡이 심하다. 자연적인 지형 그대로 묘지를 꾸며서 오르락내리락 걷는 재미가 있다. 등고선이 촘촘한 구역에서는 트레킹하는 기분이 들기도 한다.

정문으로 들어서면 둥그런 광장이 나오고 묘지 구역을 알리는 이정표가 보인다. 가장 먼저 가볼 곳은 원형 광장 정면에 보이는 에밀 졸라(1840~1902) 가족묘다. 묘지 번호는 19구역 45번.

정면의 계단을 따라 올라가면 입술을 앙다문 에밀 졸라의 흉상이 보인다. 석관 뚜껑에 가족묘에 합장된 부인과 자녀들의 이름이 새겨져 있다. 우리는 에밀 졸라를 『루공마카르 총서』 20권과 역사적인 기고문 「나는 고발한다」로 기억한다. 『목로주점』, 『제르미날』, 『나나』로 대표되는 『루공마카르 총서』.

생활고에 시달리던 에밀 졸라는 총서 제7권 『목로주점』으로 마침내 베스트셀러 작가로 올라선다. 『목로주점』은 출간 1년 만에 33쇄를 찍었고, 3년 만에 100쇄를 돌파해 판매 부수에서 빅토르 위고의 『레 미제라블』을 뛰어넘었다.

에밀 졸라의 양심은 1898년 1월 13일 빛을 발한다. 그는 독일에 기밀을 넘겨준 혐의로 종신형을 선고받은 육군 대위 드레퓌스의 재심(再審)을 주장하는 기고문을 신문에 실었다. 드레퓌스가 아무런 증거도 없이 권력과 언론의 마녀사냥으로 유죄 판결을 받았다는 것이 기고문의 요지였다. 「나는 고발한다」로 프랑스 사회는 발칵 뒤집어졌다. 대중은 비로소 권력과 언론이 어떻게 공모해 드레퓌스의 간첩 혐의를 조작했는지 그 진실을 알게 되었다. 마침내, 드레퓌스는 구명된다. 에밀 졸라는 1902년 가스중독 사고로 숨을 거뒀고, 몽마르트르 묘지에 안장되었다. 몽마르트르 묘지에서 장례가 치러지는 날 진기한 일이 벌어졌다. 매장이 끝나고 모든 조문객이 다 떠나고 난 뒤에 일단의 사람들이 남았다. 이들은 묘지 주변을 돌며 "제르미날"을 연호하며 꺼이꺼이 울었다. 그들은 『제르미날』에 등장하는 탄광 노동자들이었다.

에밀 졸라 사후 6년, 프랑스 정부는 에밀 졸라의 유해를 팡테옹에 안장하기로 결정한다. 에밀 졸라는 1908년 몽마르트르를 떠나 팡테옹으로 갔다.

여전히 무대에서 노래 부르는 '달리다'

에밀 졸라와 무언의 대화를 나눴다면 이번에는 여기서 가장 가까운 곳에 있는 가수를 만나러 가보자. 프랑스어를 비롯해 이탈리아어, 스페인어, 독일어, 아랍어 등 10여 개국 언어로 노래를 부른 가수. 이쯤 되면 50대 이상은 그 가수가 누구인지를 맞힐 수 있을 것이다.

달리다(Dalida). 달리다는 물론 예명이다. 부모로부터 받은 본명은 '욜란다 크리스티나 질리오티'. 이집트 카이로 태생. 1954년 '미스 이집트' 선발 대회에 출전해 대상을 거머쥐었다. 곧바로 오마 샤리프 주연의 영화에 전격적으로 캐스팅되어 활동 무대를 프랑스 파리로 옮긴다.

묘지 번호는 18구역 7번. 나는 몽마르트르 묘지에서 달리다의 안식처를 눈으로 확인하고 싶었다. 쉰셋의 나이에 그렇게 생을 끝낼 수밖에 없었는지, 그녀의 절망을 현장에서 느껴보고 싶었다.

내가 유튜브로 가장 많이 듣는 상송 가수는 에디트 피아프. 그다음이 달리다이다. 달리다가 알랭 들롱과 1973년에 듀엣으로 발표한 「파롤 파롤」을 얼마나 많이 들었는지 모른다. 일단 들으면 한 번만 듣고 끝난 적이 없다. 최소 세 번 이상을 듣게 된다. 그만큼 중독성이 있다. 노래를 듣다 보면 처음에는 감상적 슬픔이 밀려들어 우울의 바닥으로 떨어지는 듯하다. 그러다 어느 순간 마음이 정화되면서 어떤 에너지가 꿈틀거린다.

달리다를 만나러 가는 길은 급경사였다. 당연히 계단도 많다. 달리다 묘지와 맞닥뜨리는 순간, 나는 숨이 멎는 듯했다. 묘지가 너무나 아름다웠다. 달리다는 이승에 없지만 그녀는 결코 죽지 않았다. 묘지에는 달리다의 등신상(等身像)이 세워져 있다. 그것도 실제 무대에서 입었던 드레스 차림으로. 가장 젊고 아름다운 몸매의 윤곽이 그대로 드러났다. 손을 살짝 대면 실크 드레스의 부드러운 촉감과 함께 달리다의 체온이 손끝으로 파르르 전해져 올 것만 같다.

흥분을 가라앉힌 다음 찬찬히 묘지 주변을 살펴보았다. 그냥 묘지가 아니었다. 건축가가 묘지를 공연 무대로 설계한 것이다. '달리다 콘서트'에서 그녀가 걸어 나와 지금 무대 앞에서 막 노래를 부르려는 모습이다. 몽마르트르 묘지에 달리다 전용 무대가 설치된 것이다. 대중의 사랑을 한 몸에 받은 가수에게 이보다 더한 예우도 없겠다 싶었다.

달리다는 지독한 우울증에 시달렸다. 사랑했던 두 남자의 잇따른 자살이 그녀를 짙푸른 우울의 바다에 침전시켰다. 1967년 연인이었던 가수 루이지 텐코가 극단적인 선택을 하자 그녀 역시 충격을 받고 자살을 기도하기에 이른다. 후유증을

몽마르트르 묘지에 잠든 '달리다'의 영원한 안식처.

딛고 1970년 가까스로 재기에 성공했다. 하지만 이번에는 전 남편이자 매니저였던 뤼시앵 모리스가 스스로 생을 마감한다. 그녀는 걷잡을 수 없는 충격에 휩싸였다. 이후에도 가깝게 지낸 주변 인물들의 불행이 이어졌다. 가까운 주변 사람이 자살을 하면 생존자는 극심한 스트레스에 시달린다. 그녀는 영혼을 갉아먹는 우울증과 맞서 싸워야 했다. 밤마다 찾아오는 죽음의 그림자를 뿌리치려 발버둥을 쳤다. 그러려면 무대에서 노래를 하거나 연기를 하는 수밖에 없었다. 1987년 초 터키 앙카라에서 라이브 무대를 갖기도 했다. 하지만 그녀는 결국 우울증에 굴복하고 만다. 1987년 5월 3일 몽마르트르 자택에서 스스로 생을 정리했다. 짧은 유서를 남긴 채.

"인생은 너무 견디기 힘들어요. 날 용서해주세요."

몽마르트르 자택에서 달리다의 관이 운구되는 동영상을 유튜브에서 볼 수 있다. 비좁은 몽마르트르의 언덕길이 살짝 보인다.

나는 15년간 유럽과 미국과 일본에서 천재들의 생가와 안식처를 찾아다녔다. 그들의 마지막 모습에 나는 깊은 감동을 받고 깨달음을 얻었다. 하지만 달리다 묘지 같은 것은 보지 못했다.

달리다는 어디를 쳐다보고 있는 것일까. 달리다의 시선을 따라 가본다. 몽마르트르의 살던 집을 바라보고 있다. 달리다는 지금 몽마르트르를 보면서 자신의 히트곡을 부르고 있다.

스탕달, 3퍼센트 기적의 남자

스탕달(1783~1842)의 묘지로 가본다. 묘지 번호 30구역 72번. 『적과 흑』을 남긴 소설가. 그런데 묘지 앞에 섰지만 언뜻 스탕달의 이름이 보이지 않는다. 어, 내가 잘못 찾아왔나.

마리앙리 벨(Marie-Henri Beyle).

아 참, 그렇지. 스탕달은 필명이었지. 본명 아래에 작고 흐릿한 글씨로 스탕달(Stendhal)이 보인다. 이제야 안심이다.

'앙리 벨, 밀라노 사람, 그는 살았고, 글을 썼으며, 사랑했다.'

스탕달이 생전에 써놓은 묘비명이다. 어디서 많이 들어봄 직하다. 율리우스 카이사르의 명언을 모방한 것이다. '봤노라, 싸웠노라, 이겼노라.' 카이사르의 어록 중 하나다.

현직 외교관이던 앙리 벨이 스탕달이라는 필명을 사용해 소설가로 데뷔한 것은 1827년. 대표작 『적과 흑』을 발표한 것은 1830년이었다. 그러나 프랑스 문단에서 무명 소설가의 작품을 주목하는 사람은 아무도 없었다. 발자크가 우연히 읽고 극찬을 하면서 스탕달은 프랑스 소설계에서 주목을 받게 된다. 하루아침에 스타가 된 것이다. 스탕달은 죽을 때까지 외교관 신분을 유지했다.

그의 이력 중에서 가장 흥미를 끄는 대목은 외교관 경력이 아니다. 외교관으로 일하다 전업 작가로 성공한 경우는 드물지 않다. 에드워드 카(1892~1982)는 모스크바에서 영국 외교관으로 근무하면서 『도스토옙스키 평전』이라는 명저를 썼다.

나는 스탕달이 젊은 날 나폴레옹의 러시아 원정에 참가했다는 사실에 흥미를 느낀다. 그는 열일곱 살이던 1800년, 프랑스 육군에 입대했다. 유럽 대륙이 전쟁의 천재 나폴레옹이라는 이름 앞에 벌벌 떨 때다.

1812년 6월, 나폴레옹은 여러 동맹국과 60만 연합군을 구성해 모스크바 원정을 떠났다. 나폴레옹과 60만 대군은 우랄산맥을 넘어 초스피드로 진격했다. 60만 대군의 출정(出征)을 상상해보라. 대도시 하나가 통째로 이동한다고 보면 된다. 뒤에 따라붙은 보급 부대까지 감안하면 실로 어마어마한 규모였다.

우리는 60만 명이라는 숫자를 가늠하기 어렵다. 베이비붐 세대가 고등학생이던 시절 학력고사를 보는 학생 수가 60만 명 선이었고, 그때 대한민국 육해공군 병력 수가 60만 명이었다. 서울 광화문광장에서 서울역광장까지 꽉 채워야 30만 명이다.

스탕달의 묘. 본명은 마리앙리 벨, 스탕달은 필명이다.

60만 대군이 빠른 속도로 진격하면서 숙영할 장소를 찾는 것도 보통 일이 아니었을 것이다. 그런데 기병과 보병으로 구성된 나폴레옹 군대는 불과 3개월 만인 9월 14일 모스크바에 입성했다. 아무런 저항을 받지 않고 모스크바를 점령한 것이다. 나폴레옹이 모스크바 성안으로 들어갔을 때 모스크바 시내는 텅 비어 있었다. 식량도 먹을거리도 하나도 없었다. 나폴레옹 군대와 맞붙어 이길 수 없다는 것을 파악한 쿠투조프 장군은 다른 작전을 선택했다. 『손자병법』의 싸우지 않고 이기는 전술을 따른 것이다. 쿠투조프 장군의 거대한 함정에 빠졌다는 것을 알아차렸을 때는 이미 늦었다. 결국 나폴레옹은 10월 19일 퇴각 명령을 내리지 않을 수 없었다.

모스크바의 10월은 겨울이다. 나폴레옹 군대는 추위에 무방비였다. 추위와 굶주림에 시달리며 후퇴를 해야 했던 나폴레옹 군대. 여기에 모스크바 외곽에 숨어 있던 러시아 코사크 기병들이 추격을 해왔다. 전쟁 천재를 따라나선 60만 대군은 얼어 죽고 주려 죽고 총칼에 쓰러졌다. 인류 역사상 가장 비참한 후퇴였다. 톨스토이의 『전쟁과 평화』에는 나폴레옹의 러시아 원정이 다뤄진다. 나폴레옹 군대가 러시아령(領)을 빠져나왔을 때, 60만 대군은 그 수가 2만 명으로 줄어 있었다.

나폴레옹이 파리로 돌아온 것은 12월 18일. 그는 후퇴 중 폴란드 대사에게 이렇게 말했다고 한다.

"장엄에서 우스꽝스러움까지는 한 발자국일 뿐이야."

훗날 위대한 소설가가 되는 경리 장교 앙리 벨은 그 2만 명 속에 있었다. 60만 명 중에서 2만 명에 속할 확률은 3퍼센트. 거의 기적에 가깝다. 앙리 벨은 코사크 기병대의 습격을 받는 그 절체절명의 순간에도 아침 면도를 빼먹지 않았다고 한다.

무용수를 사랑한 드가와 니진스키

이번에는 무희(舞姬)를 가장 사실적으로, 가장 아름답게 표현한 에드가르 드가를 만나러 가본다. 4구역 13번. 비교적 외진 곳에 있다. 지붕을 덮은 직사각형 가족묘다. 드가의 캐리커처가 익살스럽다. 이 캐리커처가 아니었으면 지나칠 뻔했다.

「무대 위의 무희」, 「발레 수업」, 「오케스트라의 악사들」과 같은 인상파 화가인 드가의 대표작 대부분은 파리 오르세 미술관 5층 인상파관에서 전시 중이다. 19세기와 20세기에 걸쳐 파리에서 활동했던 화가들은 각기 나름의 독자적인 영역을 구축했다. 드가는 발레리나의 일거수일투족에 현미경을 들이댔다.

드가는 19세기를 산 인물로는 보기 드물게 장수했다. 83세면 지금 기준으로 거의 100살에 가까운 나이나. 오래 살았기 때문에 여러 노인성 질환으로 고통을 겪어야 했다. 특히 시력이 떨어져 고생했다. 작가 인생의 후반기로 넘어가면서 그는 조각에 빠져들었다. 대표작이 「열네 살 무희」(1881)다. 그림 속 발레리나를 그림 밖으로 불러 세웠다. 발레리나가 평면에서 입체가 되었다. 화가들은 종종 조각으로 외도를 하는 경우가 있다. 평면이 주는 표현의 한계를 극복하려는 몸부림이다. 파블로 피카소도, 아메데오 모딜리아니도 그랬다. 이것은 영화배우로 성공한 사람이 영화감독을 하고 싶은 심리와 어느 면에서 흡사하리라.

오르세 미술관 5층 인상파 전시관에 가면 「열네 살 무희」가 중앙에 서 있다. 액자 속을 답답해한 열네 살 소녀가 사람들 속으로 폴짝 뛰어나온 것 같다. 주변 시선을 아랑곳하지 않고 마치 춤을 추기 위해 몸을 푸는 동작을 하는 듯하다. 당황하는 것은 소녀를 둘러싸고 있는 관람객들이다. 평면의 무희들과는 전혀 느낌이 다르다. 드가의 위대함을 실감하는 순간이다.

이번에는 22구역 31번 묘지로 가본다. 묘지 앞에 익살스러운 광대 같은 포즈의 남자 동상이 놓여 있다. 발레 무용수가 신는 토슈즈도 보인다. 바츨라프 니진스키(1890~1950)다. 2019년 5~8월 서울 대학로 아트원씨어터에서 무대에 올라간 창작 뮤지컬 「니진스키」의 주인공이다.

드가의 묘지. 캐리커처가 익살스럽다.

천재 무용수 니진스키의 묘.

바츨라프 니진스키. 그의 이름 앞에는 으레 '러시아 출신의 천재 무용수'라는 수식어가 붙는다. 또한 니진스키 하면 바늘의 실처럼 따라오는 인물이 있다. 세르게이 댜길레프(1872~1929)다. 나는 『페테르부르크가 사랑한 천재들』을 쓰면서 댜길레프를 검토 대상에 올렸었다. 우크라이나 키예프 출신인 니진스키는 상트페테르부르크의 마린스키 극장에서 스타가 되었다. 하지만 1917년 러시아가 공산화되면서 표현의 자유를 억압받자 많은 예술가들과 함께 러시아를 탈출해 서유럽으로 간다. 그 도시가 파리였다. 댜길레프, 니진스키, 스트라빈스키는 러시아 발레를 집중적으로 소개하는 '발레 뤼스'를 조직해 파리에서 선풍적인 인기를 누렸다. 댜길레프는 천재적인 기획자 겸 제작자였다. 댜길레프의 히트 작품에 고정으로 출연한 무용수가 니진스키였다.

니진스키와 댜길레프는 러시아 시절부터 동성 연인 관계였다. 그런데 니진스키가 남미 순회공연을 하러 가던 중 그만 다른 남자와 불꽃이 튀고 만다. 댜길레프가 나중에 이 사실을 알았다. 댜길레프는 배신감에 밤잠을 이루지 못했고, 니진스키에게 복수의 칼을 빼 든다. '발레 뤼스'의 모든 공연에서 니진스키를 잘라버린 것이다. 니진스키는 더 이상 설 무대가 없었다. 그렇게 니진스키는 사라져갔다.

니진스키는 동영상이 있던 시절 파리에서 활동했다. 그런데 우리는 니진스키가 춤추는 동영상을 볼 수가 없다. 모든 권력을 틀어쥐고 있던 댜길레프가 공연 동영상 촬영 요청을 거절한 결과다. 아이러니하게도 그래서 니진스키는 신화가 되었다.

몽파르나스 묘지: 죽어서도 편치 않은 삶이란 이런 것일까

몽파르나스 묘지는 지하철로 가는 것이 가장 편리하다. 지하철 4호선과 6호선이 교차하는 라스파유역으로 가보자.

몽파르나스 묘지 방향으로 난 출구가 메인 출구다. 개표구를 빠져나와 지상으로 통하는 계단에 올라서면 파란 하늘을 배경으로 초록색 가로등 두 개가 서 있다. 아르누보 디자인의 선구자 엑토르 기마르의 작품이다. 출구를 나오면 왼편에 주상복합 건물이 보인다. 이 건물을 끼고 왼쪽으로 돌면 곧바로 몽파르나스 묘지가 보인다.

몽파르나스 묘지는 페르라셰즈나 몽마르트르에 비하면 규모가 아담한 편이다. 게다가 평지에 조성되어 있어 걷기에 편하다. 구역도 계획도시처럼 반듯해 찾아가기 쉽다.

몽파르나스 묘지는 나폴레옹 황제의 재가로 공사가 시작되어 1824년 문을 열었다. 나폴레옹 황제는 파리시(市) 성곽 안쪽의 공동묘지가 비좁고 혼잡해지자 시 성벽 바깥쪽에 공동묘지를 만들 필요가 있다고 판단했다.

몽파르나스 묘지에서 우리가 만나야 할 사람을 직업별로 나눠보면 문학 분야가 가장 두드러진다. 프랑스 상징주의 대표 시인 샤를 보들레르, 『제2의 성』의 작가 시몬 드 보부아르, 실존주의 사상가이자 작가 장 폴 사르트르, 『고도를 기다리며』의 극작가 사뮈엘 베케트, 『여자의 일생』을 남긴 모파상, 근대 비평의 아버지로 불리는 비평가 생트뵈브, 루마니아 출신 작가로 다다이즘의 선구자 트리스탕 차라 등이다. 음악과 미술을 보면 「죽음의 무도」로 널리 알려진 작곡가 카미유 생상스, 작곡가 겸 가수 세르주 갱스부르, 「키스」의 조각가 콩스탕탱 브랑쿠시, 입체파 운동의 조각가 앙리 로랑스, '자유의 여신상'을 조각한 프레데리크 바르톨디, 리투아니아 출신 유대인 화가 생 수틴 등이 여기에 잠들어 있다. 프랑스의 자동차 브랜드 시트로엥을 설립한 엔지니어 앙드레 시트로엥도 이곳에서 영면한다. 에밀 졸라의 「나는 고발한다」 기고문으로 악마의 섬 유배에서 풀려나 명예를 되찾은 드레퓌스 대위의 안식처도 이곳이다. 『자살론』을 쓴 사회학자 에밀 뒤르켐도 이곳을 만년유택으로 삼았다.

보들레르와 서정주

몽파르나스 묘지에서 순례객들의 발길이 오래 머무는 묘지는 샤를 보들레르(1821~1867)와 시몬 드 보부아르, 장 폴 사르트르가 잠들어 있는 곳이다.

먼저 6구역의 보들레르 묘지에 가본다. 비바람 부는 날이 아니라면 묘지 앞에서 뭔가를 쓰고 있는 사람을 만나게 된다. 그들은 보들레르의 묘비를 정면으로 보면서 다른 묘비에 등을 기대거나 다른 묘지 옆에 쪼그리고 앉아 몹시 불편한 자세로 상념에 잠겨 있다. 그들은 주변에 눈곱만큼도 신경 쓰지 않은 채 묘비를 뚫어지게 응시한다. 묘비에서 뿜어져 나오는, 아지랑이처럼 아른대는 그 무엇을 느끼려는 것이 아니겠는가.

시인이라면, 아니 젊은 날 시인을 꿈꿨던 적이 있다면, 그가 어느 나라에서 태어났든 보들레르의 시에 탐닉하며 퇴폐의 바다에서 허우적거렸던 시기가 있을 것이다. 그랬던 사람이라면, 파리에 가게 되면 반드시 가장 먼저 보들레르 묘지를 찾아가고야 말겠노라 다짐하고 또 다짐했겠지. 바로 그랬던 사람이라면, 이곳에 도착했을 때 북받쳐 오르는 감흥으로 인해 도저히 수첩을 꺼내 들지 않고는 견딜 수 없을 것이다.

미당 서정주(1915~2000)도 그랬다. 1978년 4월, 미당은 「세계 방랑기」를 신문에 연재하면서 가장 먼저 파리의 보들레르

보들레르 묘지. 사이가 좋지 않던 의붓아버지, 어머니와 함께 묻혔다.

묘지를 찾았다. 우리가 고등학교에서 배운 대로 1941년에 나온 미당의 첫 시집 『화사집(花蛇集)』은 보들레르에게서 깊은 영향을 받았다. 미당 전집을 보면 이 묘비에서 찍은 흑백 기념사진이 나온다. 미당은 「보들레르 묘지 앞에서」라는 시를 썼다.

보들레르 묘비는 조금 특별하다. 묘비에 너무 많은 문장이, 눈이 아플 정도로 빼곡하게 새겨져 있다. 생애가 파란만장할수록 더 간결한 게 묘비명이다. 복잡한 비문에서 역설적으로 가혹한 운명의 주인공이 걸어야 했던 생애를 반추하게 된다.

묘비 맨 위에 있는 이름은 자크 오피크(Jacques Aupick)이다. 장군, 상원의원, 프랑스 대사……. 화려하기 이를 데 없는 이력이다. 비석이 세월의 비바람에 풍화되었건만 읽는 데는 어려움이 없다. 자그마치 열 줄이나 된다. 두 번째에 시인의 이름이 나온다. 딱 두 줄이다. 세 번째가 시인의 어머니 카롤린이다.

보들레르는 여섯 살 때인 1827년, 아버지를 여의었다. 보들레르 인생의 질곡은 이때부터 시작되었다.

고위 공무원이자 아마추어 화가였던 아버지는 어머니보다 34년 연상이었다. 당시는 경제적 안정을 이룬 중년 남자가 스무 살 안팎의 젊은 여자와 결혼하는 게 사회 관습이었다.

어머니는 서른다섯에 남편을 먼저 보냈다. 청상(青孀)이 된 어머니는 혼자 살기에는 너무 젊고 아름다웠다. 어머니는 다음

해인 1828년 자크 오피크 소령과 결혼한다. 이것 역시 당시에는 흔한 일이었다. 하지만 일곱 살 아들은 그런 어머니를 도무지 이해할 수가 없었다. 아버지가 눈을 감은 지 1년 만에 다른 남자를 사랑하는 어머니라니!

아주 특별한 경우를 제외하고는 아들과 의붓아버지의 갈등은 필연적이다. 사이가 좋으려야 좋을 수가 없다. 아들이 결혼해서 어머니의 나이가 되기 전까지는. 생모를 잃은 딸이 의붓어머니와의 관계가 어려운 것처럼 말이다. 세계사보다 어려운 게 가정사라 하지 않던가.

어머니에 대한 아들의 미움과 분노는 의붓아버지를 죽도록 증오하는 것으로 표출되었다. 보들레르는 현실에서 셰익스피어의 '햄릿'이 되어버린 것이다. 아버지를 살해한 원수와 '눈물이 마르기도 전에' 결혼한 어머니를 혐오하면서도 이러지도 저러지도 못하는 심약한 햄릿처럼.

자크 오피크는 자기 호적에 입적한 의붓아들이 자기 말에 고분고분하기를 바랐다. 보들레르는 '아버지 노릇'을 하려는 의붓아버지와 사사건건 부딪치다가 열여덟 살에 집을 나온다. 방랑과 방탕을 반복하다가 인도 항로를 오가는 여객선의 선원이 되기도 한다. 그는 7만 5000프랑이라는 큰돈을 유산으로 물려받았지만 옷, 와인, 술잔, 미식, 가구에 탕진하고 만다. 그렇게 방탕하게 산 대가로 어머니보다 먼저 세상을 떴다.

보들레르의 가혹한 운명은 생전으로 끝나지 않았다. 어머니는 결혼하지 않고 눈을 감은 아들을 새아버지와 합장했다. 미당은 여기에 와서, 이런 보들레르의 파란만장한 삶을 되새기며 도저히 시로 남기지 않을 수 없었으리라.

여행은 했지만 같이 산 적은 없는 커플

몽파르나스 묘지의 장점은 평지라 산책하기에 좋다는 것이다. 반면에 숲이 없어 한여름에는 그늘을 찾기 힘들다는 게 단점이다.

이제는 보부아르와 사르트르 묘지를 가본다. 두 실존주의 작가의 묘지는 20구역에 있다. 20구역에서 가장 눈에 잘 띄는 곳이니 놓칠 염려도 없다. 제2차 세계대전 후 모두가 인정하는 문학의 리더였던 두 사람. 흔히 두 사람의 관계를 가리켜 우리나라에서는 '계약 결혼'이라고 하는데, 잘못 알려진 것이다. 무엇보다 두 사람은 결혼한 적이 없다. 다섯 끼를 연이어 함께 먹고 해외여행을 같이 다닌 적은 있어도 한집에서 동거를 한 적은 없다. 물론 자녀도 두지 않았다. 각기 다른 곳에 살면서 약속한 시간에 카페에서 만나 함께 글을 쓰고 대화를 나누는 기쁠 관계를 평생 유지했다. 서로의 감정과 자유를 철저하게 인정했다. 파리에서도 두 사람의 관계는 선망의 대상이었다. 그렇지만 그 누구도 두 사람과 같은 연인 관계를 실천하지는 못했다. 보부아르는 생전에 이렇게 말했다.

"나는 내 인생에서 의심의 여지가 없는 확실한 성공 하나를 말할 수 있다. 그것은 사르트르와의 관계다."

1980년 사르트르가 먼저 이곳에 안장되었고, 6년 뒤 보부아르가 눈을 감자 평생의 동반자와 합장되었다. 나는 『파리가 사랑한 천재들』(열대림)에서 두 사람의 묘지에 대해 이렇게 썼다.

"묘지 앞에는 (언제나) 꽃송이들이 놓여 있다. 놓인 지 오래여서 마른 꽃도 보였고, 아직 생기가 남아 있는 꽃도 있었다. 묘지는 베이지색이었다. 그런데 묘비에 입술 자국 수십 개가 찍혀 있는 게 아닌가. 붉은색 루주가 핏빛처럼 선연했다.

누구에게 보내는 키스 마크일까? 두 사람 모두에게? 나는 보부아르에게 보내는 키스 마크일 거라고 굳이 생각해본다. 프랑스 여성뿐 아니라 세계 여성들이 보부아르에게 보

사르트르와 보부아르의 묘.
이승에서는 같이 산 적 없는 두 사람이 영원의 안식처에는 나란히 누웠다.

내는 사랑과 존경. 한 생애를 살면서 하고 싶은 것을 하고 사는 사람은 소수에 불과하다. 적극적 의미에서 자유는, 하기 싫은 것을 하지 않으면서 사는 게 아닐까. 보부아르는 하기 싫은 것을 당당히 하지 않으면서 하고 싶은 일을 마음껏 즐기며 세상을 바꾼 사람이다.

이승에서 한 번도 함께 산 적이 없던 보부아르는 저승에서 처음으로 사르트르와 같은 공간을 사용하고 있었다."

「키스」의 조각가 콩스탕탱 브랑쿠시(1876~1957). 상징적 추상조각의 선구자로 평가받는 브랑쿠시는 모딜리아니와 친하게 지내며 중요한 역할을 했다. 브랑쿠시는 자기만의 색깔을 찾지 못해 방황하던 모딜리아니에게 조각을 권했고, 모딜리아니는 차갑고 거친 돌을 만지면서 비로소 자기 그림을 찾게 된다.

조각가 프레데리크 바르톨디(1834~1904) 묘지도 가볼 만하다. 뉴욕 허드슨강 리버티섬에 서 있는 '자유의 여신상'은 전적으로 바르톨디의 구상에서 비롯되었다. 그는 자신이 처음 구상한 아이디어가 차질을 빚어 진척이 없게 되자 에펠을 찾아가 도움을 청한다. 에펠이 '자유의 여신상'의 구조 설계를 맡으면서 마침내 완성될 수 있었다.

몽파르나스 묘지에는 미국 출신의 사진작가 만 레이(Man

Ray) 묘도 있다. 영화 「미드나잇 인 파리」에 보면 소설가 길 펜더가 술집에서 반듯한 용모의 사진가를 우연히 만난다. 그가 초현실주의 사진작가 만 레이다. 영화에 등장하는 유일한 사진가다.

솔직히 말해, 나는 만 레이의 얼굴을 몰랐다. 이름은 알고 있었지만 말이다. 나는 실제 만 레이의 사진을 보기 전에 영화 「미드나잇 인 파리」에 나오는 만 레이를 먼저 보았다. 영화 속의 사진가 만 레이는 사진작가답지 않았다. 오히려 빈틈을 보이지 않는 외교관의 모습이랄까. 머리 모양이나 정장을 입은 스타일이 그랬다.

묘비에는 만 레이 부부의 사진이 음각되어 있다. 영화에서 만 레이를 연기한 배우와 실제로 많이 닮았다.

'인식하지 않으면서 그러나 무관심하지는 않게(Unconcerned but not indifferent) Man Ray 1890~1976 사랑하는 줄리엣'

'Juliet Man Ray 1911~1991 다시 함께'

마르셀 프루스트가 눈을 감았다는 소식이 생제르맹에 전해졌을 때 가장 먼저 프루스트의 집을 찾아갔던 이가 만 레이다. 그는 새카만 털이 얼굴의 절반을 감싸고 있는 프루스트의 잠자는 듯한 사진을 남겼다. 데스마스크 대신에.

u

ien 빈

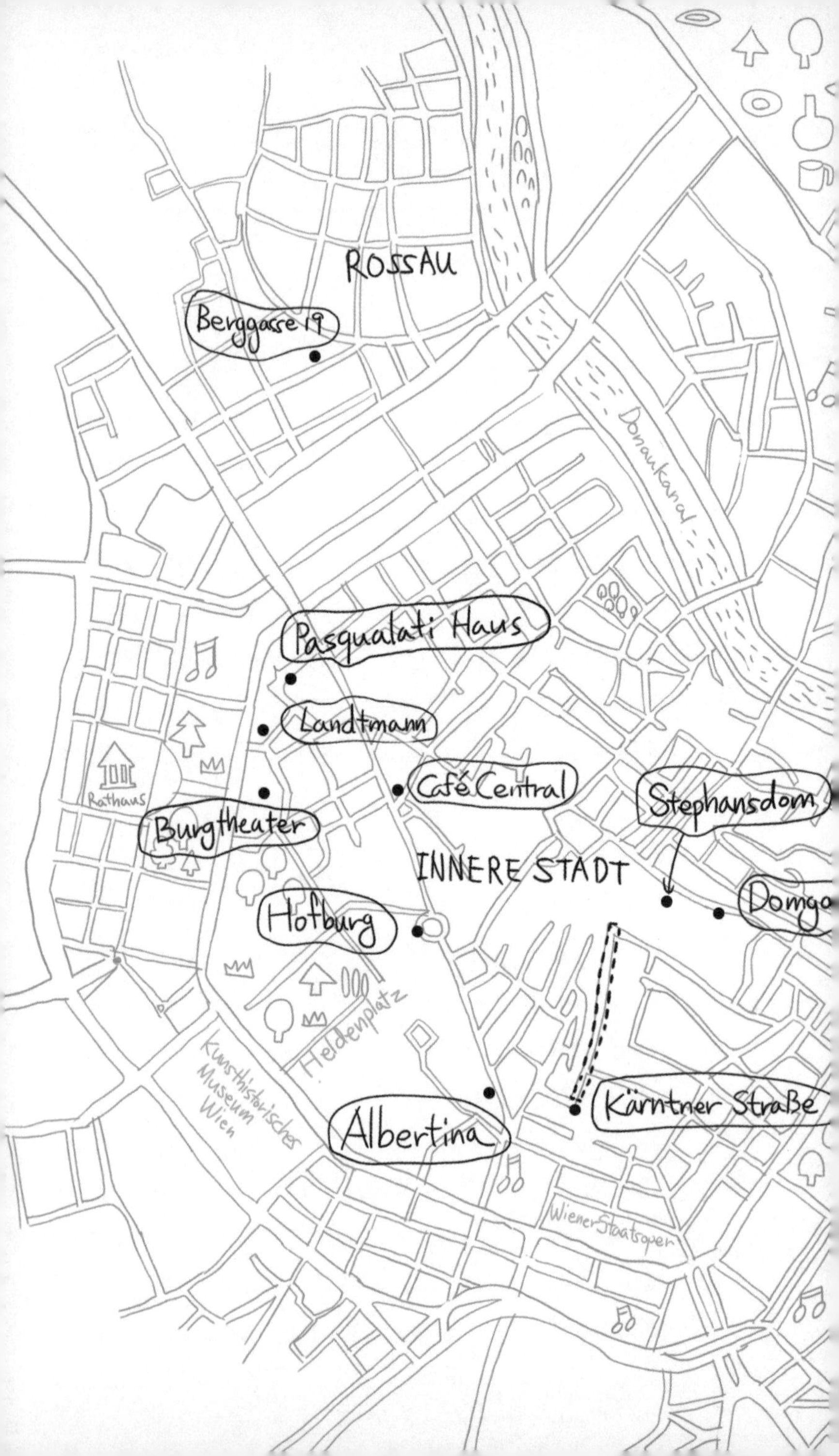
ROSSAU
Berggasse 19
Donaukanal
Pasqualati Haus
Landtmann
Café Central
Stephansdom
Rathaus
Burgtheater
INNERE STADT
Domga
Hofburg
Heldenplatz
Kunsthistorisches Museum Wien
Albertina
Kärntner Straße
Wiener Staatsoper

Wien
Nordbahnstraße
LEOPOLDSTADT
Wiener Prater
Schweizerhaus
WAC HOCKEYPLATZ
WEISSGERBER
Schüttelstraße
Donaukanal
LANDSTRASSE

DOLCE & GABBANA
BDO
BDO

빈의 속살을
낭만적으로 그린 영화

「비포 선라이즈(Before Sunrise)」

세계인의 빈 여행 흐름은 1995년 전후로 나뉜다. 1995년에 개봉한 영화 「비포 선라이즈」 이후 빈을 찾는 여행객이 급증했다. 빈의 속살을 「비포 선라이즈」처럼 낭만적인 시선으로 보여준 영화는 일찍이 없었다. 「제3의 사나이」도 빈을 무대로 전개되지만, 제2차 세계대전 후 빈이 4대 강국에 분할 점령되었던 시대를 다룬 영화여서 전체적으로 어둡고 침울하다. 패전국의 도시다 보니 곳곳에 전쟁의 흔적이 널려 있다.

「비포 선라이즈」의 프랑스 여자 셀린(줄리 델피 분)과 미국 남자 제시(이선 호크 분)는 우연히 기차 안에서 만난다. 여자의 목적지는 파리, 남자의 목적지는 빈. 두 사람은 이런저런 대화를 나누다 서로 잘 통한다는 느낌을 받는다. 기차가 빈 시내로 들어서자 남자가 제안한다. "우리는 여러 가지로 통하는 게 많은데, 이대로 헤어지기는 싫다. 빈에서 내려 하루를 함께 보내자." 여자는 잠시 생각하다가 짐을 가지고 내린다.

열차를 타기 전까지 전혀 모르는 사이였던 두 사람은 하룻밤을 보낸 뒤, 빈 중앙역에서 6개월 후에 다시 만날 것을 약속하며 헤어진다. 각기 자신의 예정된 길로 가는 열차 안에서 두 사람의 쓸쓸한 표정이 진한 여운을 남긴다. '하룻밤을 보냈다'고 잠자리를 같이했다는 의미는 아니다. 두 사람은 다음 날 해가 뜰 때까지(before sunrise) 빈 시내를 다니며 커피도 마시고 술도 마시고 공원 잔디밭에서 가벼운 키스를 나누기도 한다. 그게 전부다. 그러는 과정에서 빈의 여러 모습이 등장한다.

첫 번째 장면은 빈 중심가를 관통하는 도나우 운하다. 이어 링슈트라세, 즉 환상(環狀)도로를 순환하는 전차가 나온다. 두 사람은 트램의 맨 뒷좌석에 앉아 진실게임을 하며 서로에 대한 경계를 허물며 시간을 뛰어넘어 내면에 다가가려 한다. 유리창 뒤로 환상도로와 도로변의 여러 모습이 스쳐 지나간다. 고딕식 시청 청사도 스쳐 지나가고, 말 두 필이 끄는 마차 피아커(Fiaker)도 보이고, 두 사람이 탄 전차 뒤를 따르는 다른 전차가 방향을 바꾸는 모습도 나온다.

두 사람은 환상도로 어디에선가 내린다. 곧이어 미술사박물관과 마리아 테레지아 기념상이 배경으로 스쳐 지나간다. 프라터 공원에 가서 페리스 휠(Ferris Wheel) 대관람차도 탄다. 페리스 휠 대관람차는 앞서 언급한 영화「제3의 사나이」에도 나온다.

빈을 대표하는 카페도 두 곳 등장한다. 그중 한 곳이 클라이네스(Kleines) 카페다. 때는 밤 시간. 두 사람은 이 카페의 야외 테이블에 앉아 커피를 마시며 점쟁이 여자에게 손금을 보기도 한다. 클라이네스 카페는 아주 작지만 특별한 공간이다. 출입문은 하나뿐이고 창문도 없다. 실내는 어둑하다. 이러한 독특한 분위기 때문에 일찌감치 배우들의 단골 카페로 자리 잡았다. 구시가의 중심인 슈테판 성당과 케른트너 거리에서 가깝다.

이 영화의 시간대는 전날의 낮과 밤, 다음 날의 새벽과 아침이다. 그렇다 보니 두 번 등장하는 장소도 있다. 그중 한 곳이 알베르티나 미술관의 옥상이다. 이곳에는 식당과 말 동상이 있다. 두 사람은 동상 기단부에서 빈의 아침을 맞는다. 여자가 남자 무릎에 누워 잠깐 눈을 붙인 것이다.

빈은 '살기 좋은 세계의 도시' 상위에 랭크된다. 빈과 함께 살기 좋은 도시 상위에 들어가는 곳들은 토론토, 밴쿠버, 시애틀, 멜버른 등이다. 이들 도시는 한 가지 공통점이 있다. 인구 200만~300만 명 규모의 도시라는 점이다. 인구가 200만~300만 명이 되면 고급문화 행사가 정기적으로 열릴 수 있다. 그러면서도 1000만 도시의 과밀이 빚어내는 짜증 나는 일들은 발생하지 않는다.

빈의 인구는 200만 명이 조금 넘는다. 1800년에는 23만여 명이었고, 1900년에는 100만 명이 조금 넘는 수준이었다. 그렇게 작은 도시에 세계의 천재들이 모여 살았다.

미국의 윌리엄 존스턴은 정신사 연구의 독보적 권위자다. 그가 쓴 책 『제국의 종말 지성의 탄생』(글항아리)은 세기말을 전후한 빈의 천재들을 다루고 있다. 이 책의 부제는 '합스부르크 제국의 정신사와 문화사의 재발견'이다. 저자의 핵심 메시지를 한마디로 요약하면 20세기 사상은 빈에서 시작되었다는 것이다. 이 책에서 언급된 인물은 카를 멩거, 슘페터(이상 경제학), 후설, 비트겐슈타인(이상 철학), 루카치(사상), 프로이트(정신분석학), 브루크너, 구스타프 말러, 쇤베르크(이상 음악), 구스타프 클림트, 에곤 실레(이상 화가), 아돌프 로스, 오토 바그너(이상 건축), 곰브리치(미술평론) 등 70여 명이다.

빈을 느끼려면 먼저 공간적인 측면에서의 이해가 전제되어야 한다. 도시 공간으로서의 빈을 이해하는 핵심 축은 링슈트라세, 즉 환상도로다. 도로가 반지처럼 동그란 원을 이루고 있

공중에 뜬 페리스 휠. 내부에서 결혼식이 치러지고 있다.

어서 환상도로라는 이름이 붙었다.

환상도로가 만들어진 것은 1850년대. 그럼 그전까지는? 빈은 현재의 환상도로를 따라 높다란 성곽이 둘러쳐져 호프부르크를 물샐틈없이 방어하고 있었다. 요새(要塞) 성곽 안쪽에는 황궁을 포함한 주요 공공건물이 포진했다. 그러니까 모차르트와 베토벤이 살던 시대에는 성곽이 둘러쳐져 있었다. 모차르트와 베토벤은 요새의 성문을 통해 구시가와 교외 지역을 오갔다.

1806년 나폴레옹은 신성로마제국을 무너뜨리고 그 심장부 도시인 빈을 점령한 뒤 쇤브룬 궁전에서 잠시 지냈다. 이 시기에 나폴레옹 군대는 요새 성곽의 일부를 파괴한다.

합스부르크 제국은 나폴레옹군에 의해 파괴된 요새 성곽을 완전히 들어내기로 결정한다. 그리고 요새 성곽이 차지하던 원형의 널따란 빈 공간에 제국의 위용을 과시할 상징적인 공공건물을 계획한다. 그렇게 생겨난 건축물이 연극 전용 극장인 부르크 극장, 국회의사당, 빈시청, 빈대학, 미술사박물관, 자연사박물관이다.

빈 여행의 매력은 트램과 지하철로 거의 모든 곳을 가볼 수 있다는 점이다. 자동차는 오히려 불편하다. 환상도로를 순환하는 교통수단이 1번 트램과 2번 트램이다. 일일 승차권으로 1번 트램이나 2번 트램을 타고 환상도로를 돌다가, 내리고 싶은 곳에 내려 천천히 구경한다. 그러다 다시 트램을 타고 움직이면 된다.

카페의 도시에서 클림트가 사랑한

카페 셋

우리는 빈을 여행하기에 앞서 세계사 연도 하나를 외워둘 필요가 있다. 1683년이다. 그해 오스만튀르크 제국의 군대는 발칸 반도를 침략하고 중부 유럽을 향해 거침없이 진격했다. 튀르크 군대의 칼날 앞에 여러 왕국이 무릎을 꿇었다. 빈을 함락시키지 못하고는 서유럽을 도모할 수 없는 일. 튀르크 군대는 빈 성곽을 포위한 채 장기전에 돌입한다. 빈 공성전(攻城戰)이다. 이것이 가톨릭 합스부르크 제국과 이슬람 튀르크 제국의 첫 만남이다. 장장 4개월에 걸친 전투에도 불구하고 튀르크 군대는 빈을 점령하는 데 실패하고 퇴각한다. 기세등등하던 튀르크 군대가 제국의 수도 빈에서 처음으로 제동이 걸린 것이다.

1683년의 공성전은 가톨릭 합스부르크 제국에 여러 방면에 걸쳐 크고 작은 영향을 끼친다. 튀르크 군대는 철군을 하며 신속한 후퇴에 방해가 되는 보급품을 버리고 간다. 이때 남기고 간 보급품 중에 까만 알갱이 포대가 있었다. 빈 시민들은 이 낯선 알갱이가 신기했다. 먹어보니 머리가 맑아지고 기분이 좋아졌다. 커피 원두였다.

1684년, 빈 최초의 카페가 문을 연다. 이슬람 세계의 기호식품이던 커피가 유럽의 주요 국가로 전파된 경로는 다양하다. 이슬람 상인을 통해서 전해진 경우가 가장 일반적이다. 빈 시민들은 전쟁을 통해 이슬람과 접촉했고, 커피의 검은 마력에 서서히 빨려 들어갔다. 모차르트와 베토벤도 커피를 즐겼다.

빈은 카페의 도시다. 카페 문화를 창조한 도시다. 1684년부터 시작된 빈의 카페들을 순례해보자. 19~20세기를 빈에서 보낸 인물들 중 회화와 정신사의 대표 인물은 구스타프 클림트(1862~1918)와 지크문트 프로이트(1856~1939)다.

구스타프 클림트는 쉰여섯의 생애를 독신으로 살면서 예술과 쾌락만을 탐닉했다. 클림트는 가정부부터 귀족 부인까지 상대 신분을 가리지 않고 연애했다. 1918년 클림트가 눈을 감았을 때 모두 14건의 친자 확인 소송이 제기되어 그중 4건이 받아들여졌다는 사실은 널리 알려졌다. 그럼에도 빈 사회에 공인된 애인은 에밀리 플뢰게, 한 사람이있다. 클림트가 플뢰게를 처음 만난 것은 1891년, 그의 나이 스물아홉 살이었다. 플뢰게는 열일곱 살. 플뢰게는 지인의 딸이었다. 그렇게 알고 지내던 두 사람은 연인 관계로 발전한다. 두 사람은 사랑하는 사이로 여행도 함께 다녔지만 결혼이나 동거를 한 적은 없다. 클림트는 플뢰게의 초상화를 네 번 그렸다.

생전의 클림트가 에밀리 플뢰게와 자주 간 카페는 세 곳이다. 첸트랄, 데멜, 그리고 슈페를. 지금부터 첸트랄로 가본다.

첸트랄에선 아인슈페너를

첸트랄로 가는 방법은 여러 가지가 있지만 우리는 1번 트램을 이용하기로 한다. 부르크링에서 내려 호프부르크 안으로 들어간다. 기왕이면 당당하게 부르크 토르(문)를 통해 호프부르크로 가보자. 부르크 문을 지나 일직선으로 뻗은 도로를 걷는다. 너른 정원 광장이 나타난다. 헬덴플라츠, 즉 영웅광장이다. 영웅광장에는 중심가를 둘러볼 수 있는 피아커가 줄지어 손님을 기다리고, 합스부르크 제국사에서 길이 빛나는 전쟁 영웅 두 사람의 동상이 세워져 있다. 우리가 기억해두어야 할 사람은 오이겐(Eugen) 왕자다. 앞서 언급한 1683년 공성전에서 튀르크 군대와 맞서 빈을 지켜내는 데 결정적인 공훈을 세운 인물이다.

구시가 골목을 순회하는 피아커.

오이겐 왕자의 기념상 뒤에 활시위와 같은 형태로 있는 궁전이 노이에부르크, 신왕궁이다. 현재는 국립도서관으로 운영 중이다. 신왕궁 정중앙에 돌출된 테라스가 보인다. 1938년 3월 15일 아돌프 히틀러(1889~1945)는 이 테라스에 서서 독일과 오스트리아의 합병을 선언하는 역사적인 연설을 했다.

"나는 나의 조국을 제3제국에 귀속시킨다."

영웅광장을 가득 메운 오스트리아 국민들은 히틀러를 연호하며 열광했다. 히틀러는 오스트리아 린츠 태생이고 빈에서 10대를 보냈지만, 세계인은 모두 그를 독일 사람으로 알고 있다. 오스트리아 사람들은 애써 이 팩트를 바로잡으려 하지 않는다.

이제는 호프부르크 궁전 안으로 들어가 본다. 호프부르크는 10여 개 건물로 이뤄져 있다. 620년간 유지된 왕조이다 보니 건축 양식이 다양하다. 고딕부터 바로크를 거쳐 19세기 역사주의 양식까지 화려하다.

호프부르크를 벗어나 구시가로 나아가려면 원형 광장이 나타난다. 미카엘 광장이다. 몹시 낯선 건축물이 호프부르크 정면을 마주 보고 있다. 로스하우스(Looshaus)다. 건축가 아돌프 로스(1870~1933)가 역사주의 건축의 장식 남용에 대해 정면으

호프부르크 정문에서 본 로스하우스.

로 저항한 기능주의 주상복합 건물이다. 1911년 로스하우스가 모습을 드러냈을 때 빈 사회는 떠들썩했다. 1000년 이상 장식의 과잉에 익숙해졌던 보통 사람들이 장식 없는 건물에 거부반응을 보인 것은 이상할 게 없었다. 극소수 지식인들만이 "로스하우스는 건축물이 아니라 철학"이라며 아돌프 로스를 옹호했을 뿐. 하지만 역사는 기능주의 건축의 선구자 아돌프 로스의 손을 들어주었다.

우리가 가려는 첸트랄 카페는 로스하우스를 중심으로 왼쪽 길로 가야 한다. 오른쪽은 콜마르크트 길. 빈 구시가에서 가장 복잡한 거리다. 왼쪽으로 곧게 뻗어 있는 헤렌가세(Herrengasse), 즉 귀족 거리를 걷는다. 비교적 한갓지고 어딘가 중후한 느낌이 든다. 이따금씩 마차가 지나간다. '또각, 또각, 또각.'

첸트랄은 헤렌가세 14번지다. 물론 지하철을 이용할 수도 있다. 지하철 U 헤렌가세역에 내리면 바로 코앞이다.

첸트랄로 들어간다. 현관은 이중문이다. 두 번째 문을 열면 오른쪽에서 어떤 노신사가 손님을 맞는다. 혹여나 사전에 아무런 정보 없이 이 노신사와 마주친다면 놀랄지도 모르겠다. 물론 실제 사람이 아니다. 밀랍 인형이다. 밀랍 인형의 주인공은 작가 페터 알텐베르크(1859~1919). 세기말 빈에서는 작가 알텐베르크를 첸트랄 바깥에서 본 사람이 없다는 말이 회자되었다.

카페 첸트랄 정문.

알텐베르크는 첸트랄이 문을 열 때 나타나 문을 닫을 때까지 첸트랄에서 지냈다. 알텐베르크는 자신의 주소를 '빈 1구 헤렌가세 14번지 카페 첸트랄'로 기입했고, 우편물도 첸트랄에서 수령했다.

알텐베르크는 첸트랄에서 보헤미안적 생애를 완성한 인물이다. 그는 세기말 첸트랄에서 벌어진 모든 크고 작은 일들을 스케치풍의 산문 혹은 산문시로 묘사해 빈 카페문학의 대표 작가로 일컬어진다. 『내가 보는 대로』, 『꾸밈없는 인생의 그림』, 『날마다 나에게 속삭이는 것』을 남겼다.

이제, 자리에 앉아보자. 첸트랄이 빈의 다른 카페들과 다른 게 하나 있다. 천장이 매우 높다. 그것은 애초에 이 건물이 궁전으로 지어졌기 때문이다.

첸트랄은 1868년 태어났다. 그러니까 150살이 넘은 카페다. 첸트랄은 사방이 탁 트인 개방적인 공간이다. 윤기가 자르르 흐르는 베이지색 코린트식 기둥들 또한 높은 천장과 함께 이곳이 궁전으로 설계되었음을 증명한다. 서울에서 첸트랄과 비슷한 느낌을 주는 공간이 딱 한 군데 있다. 장충단공원 앞의 베이커리 카페 태극당이다. 1946년에 문을 열었으니 역사는 비교할 바 아니지만, 높은 천장과 개방된 공간이 닮았다.

첸트랄은 작가들의 사랑방이면서 자유로운 사고를 가진 이

↑ 첸트랄 내부. 궁전으로 설계되어 천장이 높다.
↓ 아인슈페너. 우리나라에 들어오면서 '비엔나커피'가 되었다.

들의 전용 공간이었다. 클림트는 애인 에밀리 플뢰게와 첸트랄에서 약속을 하곤 했다. 로스하우스를 설계한 건축가 아돌프 로스, 빈의 지하철 4호선 역사를 설계한 오토 바그너, 철학자 루트비히 비트겐슈타인, 작가 슈테판 츠바이크……. 클림트의 후원자 중 한 사람이었던 레더러 부부가 화가를 만나러 종종 들르기도 했다. 클림트는 과묵한 사람이었다. 화가는 그림으로 말하는 사람이라고 믿었다. 반드시 필요한 말만 하고는 상대의 얘기를 듣는 걸 더 좋아했다.

19세기 말과 20세기 초 첸트랄은 시끌벅적할 때가 많았다. 열띤 토론이 벌어지기도 했고, 그러거나 말거나 작가들은 한쪽에서 글을 썼다. 클림트가 빈대학 학부화 외설 논란에 시달릴 때도 첸트랄에서 클림트를 지지하는 그룹과 반대하는 그룹이 모여 토론이 오갔다.

기왕 빈의 대표 카페 첸트랄에 왔다면 커피를 한 잔 마시고 가자. 첸트랄에서 어떤 커피를 마실까. 아인슈페너(Einspänner)를 시킨다. 독일어로 '아인'은 '하나', '슈페너'는 '말'이라는 뜻이다.

아인슈페너는 '말 한 필이 끄는 마차'라는 의미다. 그런데 마차 이야기가 왜 커피에? 마부도 사람이다. 그 역시 커피가 당길 때가 있다. 하지만 언제 손님의 호출이 있을지 모른다. 커피를 마시다 손님이 부르면 마시던 커피를 어떻게 하나? 길바닥에 쏟아버릴 수는 없지 않은가.

그 고민 끝에 커피 위에 휘핑크림을 얹었다. 커피가 마차의 흔들림에 쏟아지는 것을 방지하기 위해서다. 그렇게 하면 마부가 마차를 몰면서도 커피를 마실 수가 있다. 휘핑크림을 얹은 커피 아인슈페너는 금방 빈의 카페에 퍼져 나갔고, 메뉴의 한 자리를 차지했다.

내 기억이 정확하다면 한국에 아인슈페너가 들어온 것은 1970년대 중반이다. 일제 식민지 시절 경성의 카페에서 아인슈페너를 팔았는지는 모르겠다. 어쨌든 어떤 커피 선각자가 아인슈페너를 우리나라에 들여오면서 '비엔나커피'라고 이름 붙였다. 해외여행을 꿈도 못 꾸던 시절, 사람들은 서울 명동에서 비엔나커피를 마시며 빈을 꿈꿨다. 힘들게 첸트랄에 왔다면 아메리카노가 아닌 빈에 가장 어울리는 커피 한 잔을 마셔야 하지 않을까.

최근에는 서울에도 아인슈페너를 파는 카페가 등장했다. '1683 비엔나'다. 빈 카페 문화를 그대로 들여온 이곳에서는 모든 메뉴가 실제로 빈 카페에 있는 그대로다.

클림트 마니아들의 성지 '데멜', 격조 있는 '슈페를'

클림트의 두 번째 단골 카페는 데멜(Demel)이다. 데멜은 로스하우스를 끼고 오른쪽 길, 콜마르크트에 있다. 첸트랄에서 천천히 걸어도 5분 거리다. 호프부르크와는 엎어지면 코 닿는 거리다.

황실 베이커리로 출발한 데멜은 타르트와 쿠키는 빈에서 최고라는 평가를 받는다. 1층 잘 보이는 곳에 합스부르크 제국 특허증을 액자에 걸어두고 있다. 1층은 제과점, 2층은 카페다. 플뢰게는 데멜 카페의 초콜릿 호두 타르트를 좋아했다.

오붓하게 클림트의 흔적을 느끼고 싶어 하는 순례자들에게 데멜은 그리 권할 곳이 못 된다. 가장 번잡한 거리인 콜마르크트에 있는 데다가 단골손님부터 관광객까지 드나드는 사람이 너무 많아 입구부터 혼잡하다. 2층도 사정은 마찬가지다. 카페 종업원들은 밀어닥치는 손님을 응대하느라 땀을 뻘뻘 흘린다. 유서 깊은 카페가 본래의 모습을 잃어가는 것 같아 안타깝다. 그러나 타르트 마니아라면 가볼 만하다.

첸트랄 다음으로 강추하는 곳이 슈페를(Sperl)이다. 1880년 문을 연 카페는 현재 문화재로 지정됐다. 주소는 굼펜도르페가 11번지.

↑ 카페 데멜 1층 제과점.
↓ 빈 토박이들의 단골 카페 슈페를.

이곳은 링슈트라세 바깥에 위치한다. 단체 관광객의 발길이 닿지 않는 곳이다. 그만큼 한갓지다. 조용하고 오붓한 분위기를 좋아하는 빈 토박이들이 즐겨 찾는 카페다. 이방인의 입장에서 보면, 진짜 빈 사람들이 사는 모습을 엿볼 수 있는 곳이기도 하다.

카페 슈페를은 당구대가 있는 게 가장 큰 특징이다. '빌리어드 카페'라고 불리는 이유다. 문을 열고 들어서면 오른편에 당구대 두 개가, 가운데에 케이크 진열장이 놓여 있고, 카페는 왼쪽 공간이다. 넓지 않지만 차분하고 격조가 있다.

슈페를의 매력은 창가 쪽 테이블이다. 마치 레고를 끼워 맞추는 것처럼 두 사람이 들어가면 꼭 안성맞춤이다. 이제 새로운 만남을 시작한 남녀라면 친밀도가 급상승하는 구조다. 오스트리아 전통 빵의 일종인 따뜻한 슈트루델을 여유 있게 음미하고 싶다면 슈페를이 최적의 장소다. 독일어로 소용돌이라는 뜻인 슈트루델은 독일 음식으로 알려져 있는데, 실은 오스트리아 전통 음식이다.

왜 클림트는 '슈페를'을 좋아했을까. 여기서부터는 나의 추리다. 에밀리 플뢰게는 언니가 운영하는 의상실에서 일했다. 의상 디자이너가 되고 싶었던 플뢰게는 보조 디자이너로 일하며 원단 구매 등 여러 일을 맡았다. 그 의상실이 슈페를 카페와 멀지 않다. 걸어서 5분이면 충분하다. 사람들의 시선을 의식하지 않고 두 사람이 데이트를 즐길 수 있는 곳이다.

모노톤의 삶을 산

프로이트의 단골 카페들

지금부터는 프로이트의 발걸음을 따라 빈의 카페들을 둘러본다. 빈에 와서 프로이트의 체취를 조금이라도 느끼지 못하고 간다는 것은 빈의 3분의 1을 보지 못한 것이나 마찬가지다. 빈은 20세기 사상의 발전소였고, 그 중심에 프로이트가 있지 않은가. 인간에게 무의식이 있고, 그 무의식이 인간의 행동을 지배한다는 사실을 처음으로 밝혀낸 사람이 프로이트다.

프로이트의 단골 카페는 란트만과 코르프였다. 프로이트는 베르크가세 19번지 아파트를 살림집과 진료실로 삼아 장장 47년을 살았다. 그 긴 세월을 프로이트는 진료와 연구와 집필이라는 흔들림 없는 모노톤으로 살았다. 프로이트는 나치 독일이 오스트리아를 합병한 직후인 1938년, 프랑스 파리를 거쳐 영

프로이트가 무려 47년 동안 살았던 베르크가세 19번지 아파트. 현재는 프로이트 박물관으로 운영 중이다.

국 런던으로 망명했고, 이듬해 런던에서 눈을 감았다.

유대인이었던 프로이트가 빈의 주류 사회로부터 인정을 받기 시작한 것은 1906년 무렵. 그전까지 그는 '미친 의사' 취급을 받았다. 1900년 출간한 『꿈의 해석』이 2년간 고작 351권 팔렸다는 사실이 믿어지는가. 범재들은 천재 프로이트가 주장한 무의식의 개념을 이해하지 못했다. 프로이트가 빈을 벗어나 국제적으로 명성을 얻게 된 것은 1918년 제1차 세계대전이 끝나면서부터다. 전사자 1000만 명이라는 참혹한 전쟁이 끝나자 유럽인들은 비로소 인간의 본성에 대해 눈을 뜨기 시작했다. 그러면서 프로이트의 주장에 귀를 기울였다. '이성과 합리를 신봉하며 문명인을 자부하던 우리가 도대체 무슨 짓을 했다는 말인가.'

란트만에서 휴식을, 코르프에서 학회 모임을

란트만 카페는 환상도로 변에 자리 잡고 있다. 바로 옆에 연극 전용 극장인 부르크 극장이, 앞쪽에 시청·빈대학·국회의사당이 있다. 예술·정치·학문의 공간과 지척에 있으니 란트만 카페를 자주 드나든 사람들의 직업도 미뤄 짐작할 수 있겠다.

베르크가세 19번지에서 란트만 카페까지는 천천히 걸어도

↑ 란트만 카페 전경. ↓ 부르크 극장 전경.

20분이면 충분하다. 산책하기에 적당한 거리다. 프로이트가 란트만을 드나들기 시작한 시점은 정확히 알 수 없다. 하지만 여러 정황으로 미뤄 1900년대 초반이 아니었을까 싶다.

란트만은 1873년 태어났다. 커피 제조상 프란츠 란트만이 문을 열며 카페 이름에 자신의 성(姓)을 붙였다. 정문은 부르크 극장 정문과 마주 보고 있다. 공연 시작을 기다리는 관객들과 공연을 끝낸 배우들의 출입이 빈번할 수밖에 없다.

카페로 들어서면 클림트의 단골이었던 첸트랄과는 분위기가 확연히 다르다는 것을 느낄 수 있다. 첸트랄은 보헤미안 분위기가 있어 가난한 예술가라도 출입하는 데 아무런 거리낌이 없다. 하지만 란트만은 세련되게 다듬어진 우아한 공간이다. 머리부터 발끝까지 깔끔하게 신경 쓰지 않으면 어쩐지 분위기와 어울릴 것 같지 않다. 란트만은 빈의 부유한 중산층이 애용하는 공간으로, 어느 정도의 프라이버시가 보장된 카페다.

19세기 말에도 그랬고 21세기인 지금도 변함이 없다. 접시와 커피잔, 의자와 테이블, 벽지와 커튼, 조명과 샹들리에 같은 인테리어부터 자잘한 디테일까지 어느 것 하나 역사와 전통에 누가 되지 않는다.

프로이트는 후반생을 연구와 집필에 전념했다. 진료 외의 시간에는 독서를 즐겼고, 조각과 골동품 수집에 비상한 관심을

큰 거울 앞 프로이트 지정석.

쏟았다. 사교 활동을 하지 않던 그의 유일한 즐거움은 란트만까지 걸어와서 아인슈페너를 마시고 신문을 읽는 것이었다. 프로이트는 란트만에 오면 으레 앉는 자리에만 앉았다. 큰 거울이 있는 좌석으로 그때나 지금이나 '프로이트 지정석'으로 불린다. 프로이트는 왜 이 자리를 좋아했을까? 지극히 인간적인 이유에서다.

란트만의 화장실은 지하에 있다. 신문 거치대는 지하실 입구에 있다. 화장실을 가거나 신문을 읽고 싶은 사람은 큰 '거울의 자리' 앞을 지나가게 된다. 그러면 그 좌석을 한 번쯤은 보게 된다. 프로이트가 세계적인 명성을 얻고 나자 그에게 인사를 건네는 사람이 많아졌다. 프로이트는 특히 부르크 극장에 출연하는 여배우들이 자신을 알아보는 것을 좋아했다. 프로이트는 란트만을 고도의 정신노동에서 해방되어 긴장을 풀고 여유를 찾는 공간으로 여겼다.

란트만 카페에는 란트만의 역사를 소개하는 소책자가 있다. 소책자에 따르면 란트만 카페의 단골손님 명단은 다음과 같다. 게리 쿠퍼, 마를레네 디트리히, 비비언 리, 소피아 로렌, 로런스 올리비에(이상 배우), 토마스 만(작가), 오스카어 코코슈카(화가)……. 그다음은 역대 오스트리아 대통령 이름이다.

오스트리아 대통령은 신년 기자회견을 란트만에서 갖는 전통이 있다. 신년 기자회견을 대통령 집무실이 아닌 카페에서 한다? 오스트리아 현대사에서 란트만이 차지하는 정신사적 위상이 어느 정도인지 짐작게 하는 대목이다.

프로이트가 란트만 말고 좋아한 카페는 코르프(Korb)다. 코르프는 빈 구시가의 옛 유대인 구역에 있다. 베르크가세 집에서 걸어가기에는 멀다. 오히려 도나우 운하와 가깝다. 코르프 카페는 별도의 미팅룸이 있어 프로이트는 정신분석학회 공식 모임을 이곳에서 갖곤 했다.

클림트와 프로이트 두 사람과는 크게 관련이 없지만 카페 그린슈타이들과 카페 무제움도 기억해둘 필요가 있는 곳이다.

그린슈타이들(Griensteidl)은 호프부르크 정문 바로 앞에 있다. 그 때문에 정치인들이 자주 드나들었다. 로스하우스와 길 하나를 사이에 두고 있는데, 세기말인 1890년대 논란의 문학 그룹인 '융 빈(Jung Wien)' 회원들의 회합 장소로 유명했다. 또한 구시가 중심에 있지만 첸트랄보다는 한결 한갓진 편이다.

카페 무제움은 여러 면에서 앞서 소개한 카페들과는 다르다. 주소는 프리드리히가 6번지. 분리파 전시관인 제체시온(Secession)과 가깝다. 건축가 아돌프 로스가 설계해 1899년 빈에 등장했다. 모든 대상을 실용주의적 기치에 귀속시키면서 산

결한 실내 장식을 구현했다. 흰색 벽과 단순한 샹들리에만 있을 뿐. 화려한 장식이나 볼거리는 눈을 씻고 찾아봐도 없다. 커피 마시고 담소를 나누고 책을 읽는 행위에 필요한 것 외에는 모든 것을 배제했다. 복잡한 장식을 싫어하고 단순한 미니멀리즘을 추구하는 사람들이 즐겨 찾는 곳이다. 빈대학 공대가 바로 옆에 있어 대학생들도 자주 이용한다. 카페 무제움은, 1911년에 호프부르크 정문 앞에 등장해 합스부르크 620년의 건축을 일거에 조롱한 로스하우스의 예고편이었다.

카페 무제움.

음악의
수도,
베토벤의 성지

빈은 마리아 테레지아(1717~1780) 황제 이래 200년 이상 유럽의 음악 수도로 군림했다. 재능 있는 음악가들이 모여들어 경쟁을 벌이며 음악가로서 전성기를 누렸다. 빈에서 태어난 사람도 있지만 다른 곳에서 태어나 빈으로 이주해 음악 인생을 꽃피운 사람이 더 많다. 브람스, 하이든, 모차르트, 베토벤, 요한 슈트라우스, 쇤베르크……. 이들이 살다 간 집에는 명판(플라크)이 부착되어 있다. 언제부터 언제까지 이 집에서 살았고, 혹은 이 집에 살면서 어떤 작품을 썼는지와 같은 역사적 사실을 기록해놓았다. 빈 중앙묘지에는 음악가들의 묘지를 따로 조성해두었을 정도다.

음악의 수도에 와서 여행객들이 가장 많이 찾는 곳은 돔가

파스콸라티 하우스.

세 5번지다. 돔가세 5번지는 모차르트가 전성기를 보낸 집이다. 슈테판 성당 뒤편에 있다. 모차르트는 이 집에 살면서 지난 1000년의 최고 음악이라는 「피가로의 결혼」을 비롯해 피아노 협주곡 21번 등을 썼다. 그래서 '피가로의 집'으로 불린다. 모차르트 박물관으로 운영되는 이 집은 반드시 가봐야 한다.

'피가로의 집' 다음으로 어디를 가봐야 하나? 누가 나에게 이렇게 묻는다면 나는 주저하지 않고 이곳을 강추한다. 파스콸라티 하우스(Pasqualati Haus). 베토벤이 살던 집으로, 현재 박물관으로 운영된다. 물론 하일리겐슈타트에도 베토벤 기념관이 있다. 그런데 왜 파스콸라티 하우스라고 했을까.

35년간 30번 이사한 까탈스러운 세입자

빈은 베토벤 연구가들에게 성지와 같은 곳이다. 시내 곳곳에 베토벤의 흔적이 널려 있다. 피아니스트 백건우는 빈 연주회를 가면 베토벤의 흔적을 찾는 시간을 갖곤 한다. 빈에는 베토벤이 거처했던 집만 30곳이 넘는다.

베토벤은 빈에서 35년간 살았다. 영국 DK사가 발행한 『트래블 가이드 빈』에는 '30곳 이상'으로 기록하고 있다. '50곳 이상'이라고 주장하는 자료도 여럿이다. 잠깐이라도 살았던 집을

35곳으로 잡으면, 1년에 한 번꼴로 옮겨 다녔다는 말이 된다. 보통 사람의 눈으로 보면 베토벤은 진득하게 한곳에 오래 머물지 못하는 타입이었다. 반대로 비범한 사람의 눈으로 보면 베토벤은 지루한 것을 견디지 못하는 진정한 노마드다.

천재는 예각적 감각을 타고난 사람이다. 창조적인 정신 상태는 집중과 몰입에서만 도달할 수 있는 경지다. 천재는 일단 집중과 몰입의 상태에 빠지면 그 누구도 방해하는 것을 용납하지 않는다. 범재들은 흔히 천재들을 가리켜 괴팍하다거나 까탈스럽다고 말한다. 틀린 말이 아니다. 천재들은 갓난아이처럼 예민한 피부를 갖고 있는 사람이다. 아무렇지도 않게 지나치는 일에 민감한 반응을 보일 수밖에 없다.

왜 베토벤은 한곳에 오래 살지 못했을까. 세입자 베토벤이 집주인과 궁합이 맞지 않았기 때문이다. 작곡가의 몰입과 집중 상태가 걸핏하면 집주인과 마찰을 일으키는 불화의 요인이 되었다. 평범한 집주인은 감히 천재를 알아볼 안목이 없었다.

요한 폰 파스콸라티 남작. 그는 달랐다. 작위 서열로는 가장 낮은 다섯 번째 남작이었지만 사람을 보는 눈은 공작보다도 훨씬 높았다.

파스콸라티 하우스 주소는 '묄커 바스타이' 8번지. 높은 축대 위에 세워진 5층짜리 집이다. 8번지에 이르는 오르막길은 영화「우먼 인 골드」에도 잠깐 등장한다. 베토벤은 이 집 5층에서 모두 세 번 살았다. 1804~1808년, 1810년, 1815년.

세입자 베토벤이 셋집을 고를 때 가장 우선시한 조건은 창문을 열었을 때 탁 트인 전망이었다. 묄커 바스타이 8번지는 지대가 높다. 그리고 맨 위층에서 보면 시야가 막힘이 없다. 묄커 바스타이 길은 빈이 1800년대 중반까지만 해도 요새 성벽으로 둘러싸여 있었다는 것을 보여주는 물증이다. 물론 지금은 5층 창문에서 보면 시야가 빈대학 건물에 막힌다. 빈대학은 구시가 안쪽에 있다가 1800년대 중반 환상도로 변으로 옮겨 왔다.

베토벤은 이 집에 머물며 교향곡 4·5·7·8번, 오페라「피델리오」, 피아노 협주곡 4번, 피아노 소나타 23번, 현악 4중주곡 등을 작곡했다.

이 중 가장 유명한 작품은 5번 교향곡「운명」이다. 1808년에 작곡했다. 그의 나이 서른여덟. 베토벤의 제자이면서 베토벤 전기를 쓴 안톤 쉰들러가 어느 날 그에게 물었다.

"'5번 교향곡' 제1악장 첫머리에 나오는 주제는 무슨 뜻인가요?"

베토벤은 답했다.

"운명은 이렇게 문을 두드린다."

이후 교향곡 5번은 '운명'이라는 표제를 달게 되었다.

이렇게 보면 파스콸라티 하우스가 갖는 음악사적 의미를 미뤄 짐작할 수 있다. 그런데도 파스콸라티 하우스는 모차르트의 '피가로의 집'에 비하면 상대적으로 덜 주목받는 느낌이다. 베토벤의 이름을 따지 않아서일까. 아니면, 꼭대기 층에 있어 올라가기 불편해서일까.

천재를 알아본 남작

파스콸라티 남작은 여느 집주인과 다른 인격자였다. 교양과 함께 뛰어난 예술적 심미안을 갖고 있었다. 사실 합스부르크 제국의 귀족들 중 파스콸라티 남작 정도의 교양을 갖춘 사람이 아주 드물지는 않았을 것이다.

그런데 파스콸라티는 여기에 훌륭한 인격을 겸비했다. 비범한 재능을 가진 사람의 기벽(奇癖)까지도 포용하는 너그러움을 갖고 있었다. 남작은 까탈스러운 세입자 베토벤이 원하는 것은 모두 들어주었다. 작곡가에게 깍듯한 예의를 갖췄고 시종일관 친절하게 대했다. 베토벤이 이 집에 싫증을 내고 다른 곳으로 이사를 가기로 했을 때도 남작은 작곡가 편에 섰다. 남작은 작곡가에게 말했다.

"언제든지 이 집으로 다시 오십시오. 기다리겠습니다."

남작은 5층을 다른 사람에게 세주지 않고 비워두었다. 무작정 작곡가를 기다렸다. 베토벤은 1810년과 1815년에 한 번씩 묄커 바스타이 8번지로 돌아왔다. 세상의 몰이해와 고독과 평생을 싸운 베토벤. 그런 그가 힘들 때 돌아온 곳은 언덕 위에 있는 이 집이었다.

비범한 작곡가를 알아보고 천재적인 재능이 꽃피도록 물심으로 배려한 파스콸라티 남작. 빈시(市) 당국은 이 집에만 집주인의 이름을 붙이기로 결정했다. 베토벤을 알아본 파스콸라티 남작에 대한 감사의 표시로.

파스콸라티 하우스는 입장료를 받는다. 베토벤의 체취가 물씬 느껴지는 물품들로 가득하다. 전시물 중 가장 감동적인 것은 베토벤 머리카락 타래와 라이프마스크(life mask)가 아닐까.

창문으로 밖을 내다본다. 베토벤의 시선을 따라가 본다. 베토벤이 빈에서 살았던 35년! 얼마나 많은 귀족과 권력자가 제국의 수도에서 으스대고 떵떵거렸겠는가. 하지만 오늘을 사는 우리는 그들의 이름을 하나도 모른다. 그러나 파스콸라티 남작만큼은 베토벤과 함께 영원을 사는 이름이 되었다. 권력자는 자리에서 내려오는 순간부터, 부자는 눈을 감는 순간 망각된다. 아니, 부자는 망각으로 끝나지 않는다. 형제들 간에 재산 다툼이 일어난다.

파스콸라티 하우스. 역사 유적지를 알리는 깃발이 꽂혀 있다.

Pr

프라하

aha

Pražský Hrad
Karlův Most
Charles Bridge
Mirror Maze in Petrin Park
Malá Strana
PETŘIN
Dětský Ostrov
Sacre' coeur park
SMÍCHOV

Kostel Matky Boží
Před Týnem
lác Golz-Kinských
Obecní Dům
Stavovské Divadlo
um Bedřicha
ny
MUSTEK
Praha Hlavní
Nádraží
Staroměstské
Náměstí
vadlo
NUSLE
PRAHA
Vyšehrad

아직 미지였던 도시를 세상에 알린 영화

「미션 임파서블(Mission: Impossible)」

첩보 액션영화의 전설은 007 시리즈다. 그 뒤를 잇는 게 「미션 임파서블」 시리즈와 「본(Bourne)」 시리즈다. 「미션 임파서블」은 1996년 처음으로 세상에 나왔다. 정보 요원 이선 헌트 역을 맡은 톰 크루즈가 서른네 살 때 찍은 영화다. 30대지만 얼굴색은 청년처럼 붉고 물광빛이다.

「미션 임파서블」 하면 누구나 떠올리는 전설적인 장면이 있다. 이선 헌트가 환풍구의 와이어에 매달려 3중 보안장치를 뚫고 비밀 요원 명단을 빼내는 장면! 20여 년이 흐른 지금 다시 보아도 손바닥이 촉촉해진다. 007 시리즈나 본 시리즈의 어떤 장면도 이것을 뛰어넘는 이미지를 남기지는 못했다.

영화가 개봉된 시점이 1996년이라는 사실을 기억해두자. 프라하가 41년간의 공산체제에서 벗어나 자유체제로 전환된 지 불과 6년이 지났을 때였다. 체코가 슬로바키아와 '벨벳 이별(Velvet Separation)'로 일컬어지는 협상을 통해 아무런 앙금을 남기지 않고 갈라선 지 3년이 되었을 때였다. 프라하 시민들의 혈관 속에는 사회주의 계획경제의 타성이 노폐물처럼 달라붙어 있을 때였다. 그들은 시장경제와 자본주의를 배워나가는 데 몹시 불편해했고 서툴렀다. 이때만 해도 프라하를 가본 한국인은 외교관과 무역상사 주재원들을 제외하면 거의 없었다.

우리만 그랬던 건 아니다. 체코 프라하는, 유럽 밖의 대륙에서 보면 지도상에만 표시된 미지의 도시였다. 어떤 이미지조차 형성되어 있지 않았다. 알려진 게 없으니 신비롭기까지 했다. 이러한 프라하를 사실상 처음으로 자유세계에 소개한 영화가 「미션 임파서블」이다.

1990년대 이후 태어난 세대들은 이 영화에 나오는 희한한 물건을 신기하게 쳐다볼 수도 있겠다. 바로 우편엽서보다 조금 더 큰, 팔랑거리는 플로피 디스크다. USB만 아는 세대들에게 「미션 임파서블」은 원스 어폰 어 타임, 옛날 영화처럼 보일 수도 있겠다. 그러나 수시로 튀어나오는 시그널 음악을 들으면 "이 음악이 「미션 임파서블」에 나오는 거였어?" 하며 반색할 것이다.

러닝 타임은 110분. 영화에 나오는 장소는 프라하, 런던, 워싱턴 DC, 프랑스, 그리고 파리행 테제베(TGV). 도입부에서 50분 지점까지의 배경이 프라하다. 프라하 주재 미국대사관과 호텔을 주 무대로 설정하고 카메라는 프라하의 구석구석을 비춘다.

영화의 첫 장면은 프라하성과 카를교와 블타바강이 한 컷으로 잡힌다. IMF 팀의 비밀 사무실은 카를교가 보이는 블타바강변의 건물에 있는 것으로 그려진다. 이곳에서 짐 펠프스(존 보이트 분)는 이선 헌트를 비롯한 요원들에게 작전을 지시한다.

이후 등장하는 곳은 말라 스트라나(성 아랫마을), 구시가, 구시가광장 등이다. 프라하성, 카를교와 마찬가지로 모두 중세 이전에 형성된 공간이다. 가장 많이 나오는 곳이 카를교와 블타바강이다. 미국대사관과 호텔도 블타바강 변에 있는 것으로 설정했다.

저 유명한 카를교의 성인상(聖人像)들은 스릴과 서스펜스의 어둠에 묻혀 그림자처럼 스쳐 지나갈 뿐이다. 작전이 어그러지면서 비밀 사무실을 뛰쳐나온 짐 펠프스가 당황한 나머지 황급히 왔다 갔다 하는 곳이 카를교다. 그리고 어디선가 날아온 총알을 맞고 강으로 떨어지는 곳 역시 희미한 가스등 불빛의 카를교다.

프라하성은 짙푸른 하늘을 배경으로 있을 때가 가장 아름답다. 아청빛 하늘에 프라하성은 비로소 잠에서 깨어난다. 해 뜨기 전의 푸르름 속에 신비한 자태를 뽐내는 프라하성도 나온다. 요원들이 잇따라 의문의 죽임을 당하고 혼자 살아남은 이선 헌트가 새벽녘에 혼자 IMF 비밀 사무실로 돌아오는 장면에 비치는 프라하성이 환상적이다.

블타바강 양옆의 둑길도 나온다. 중세의 이슬에 젖은 묵묵한 포석(鋪石)이 가스등 불빛을 받아 촉촉하게 반들거린다.

영화에서는 실제 거리 이름이 한 번 등장한다. 이선 헌트가 무기 밀매상이 보낸 수하와 접선하는 지점이다. 네카잔카 거리가 '나 프르지코페' 거리와 교차하는 지점이다. 네카잔카 거리는 구시가광장에서 신시가광장인 바츨라프 광장으로 가는 중간쯤에 있다. '나 프르지코페'는 체코어로 '수로 위에'라는 뜻이다. 수로를 메워 만든 복개 도로다. 이 거리는 프라하의 명동, 프라하의 샹젤리제라 불릴 만큼 번화하다.

프라하의 화려한 아르누보 양식도 잠깐 화면에 잡힌다. 무기 밀매상 맥스가 이선 헌트와 접선하는 곳은 호텔 안. 풀과 나무, 그리고 꽃문양으로 꾸며진 화려한 아르누보 인테리어가 화면 가득 들어온다. 하지만 이 호텔이 구체적으로 어느 곳인지를 확인하기는 어렵다. 맥스의 부하가 테라스에 나와 주변 동태를 살피는 장면에서도 아르누보 테라스의 진면목이 드러난다.

영화 앞부분에서 짐 펠프스는 요원들에게 이렇게 말한다.

“시간 있을 때 거리를 잘 익혀둬. 여기 도로는 엉킨 실타래 같거든.”

핵심을 찔렀다. 프라하 구시가를 걸을 때는 바짝 긴장해야 한다. 구시가에서 잠깐만 딴생각을 하고 걸으면 길을 잃기 십상이다. 미아(迷兒)는 아이들만 해당이 되는 게 아니다. 중세에 자연발생적으로 형성된 도시 공간이다 보니 골목길이 얽히고설켜 있다.

이선 헌트가 수족관 카페에서 폭탄 껌을 터뜨리며 탈출하는 장면을 기억할 것이다. 수족관 카페는 물론 세트다. 폭탄 껌의 위력을 극대화하려고 설정한 장면이다. 폭탄 껌의 폭발과 동시에 이선 헌트는 몸을 날리고, 어둠 속으로 뛰어간다. 포석으로 뒤덮인 구시가광장이다. 얀 후스 동상, 성 미쿨라세 성당, 골즈킨스키 궁전 등이 어둠 속에서 살짝 모습을 드러낸다.

영화는 낮 시간의 프라하를 몇 장면 보여주지 않는다. 무기 밀매상과 이선 헌트가 차를 타고 이동하는 장면에서 자동차 뒷좌석 유리창으로 화약탑이 보인다. 점점 멀어지는 화약탑 모습이 구시가의 상징물 중 낮 시간에 보이는 유일한 것이 아닐까.

영화에서 햇빛이 모든 곳을 비출 때 중세의 신비를 간직한, 세상에서 가장 에로틱한 도시의 진면목이 드러나지 않는다. 미지의 도시 프라하를 배경으로 펼쳐지는 첩보 액션의 긴박감을 살리는 데는 심야와 새벽 시간대가 훨씬 효과적이라는 치밀한 계산에 따랐을 것이다.

프라하가 아직 미지의 세계일 때, 세계의 영화 팬들은 「미션 임파서블」을 보며 프라하를 꿈꿨다. 아, 프라하에 가보고 싶다. 「미션 임파서블」은 프라하 홍보 영화가 아닌가 싶을 정도로 프라하의 고샅고샅을 앵글에 담고 있다.

매혹적인,
너무나 매혹적인

구시가광장

‘천재와 함께 떠나는 도시 여행’을 주제로 강연할 때마다 자주 받는 질문들이 있다. 그중 하나가 이런 질문이다.

“작가님은 천재의 흔적을 따라 여러 도시들을 여행했는데, 그중 어느 도시가 가장 좋았습니까?”

나는 그때마다 이렇게 대답한다.

“빈, 프라하, 파리입니다. 이들 세 도시는 여행을 하면서 어떤 위압감 같은 것을 느끼지 않습니다. 걷거나 지하철을 타거나 버스를 이용하면서 편안한 느낌을 받습니다.”

프라하의 인구는 120만 명이 조금 넘는다. 도시인에게 삶의 조건 중에서 가장 중요한 게 문화생활의 인프라다. 빈과 프라하는 쾌적한 환경에 있을 건 다 있으면서도, 어떤 이벤트가 벌

구시가광장에서 카를교로 통하는 카를로바 거리.

어져도 인파에 치여 짜증을 일으키는 법이 없다. 어느 경우도 사람에게 떠밀려 다닌다는 불쾌함을 주지 않는다. 적당히 북적거리는 정도다. 유튜브에 들어가면 보헤미아의 명지휘자 라파엘 쿠벨리크가 구시가광장에서 「나의 조국」을 지휘하는 동영상이 나온다. 가장 사람이 많을 때가 그 정도다.

프라하는 프라하성과 성 앞마을, 말라 스트라나, 옛 유대인 구역, 구시가, 신시가광장 등 5개 구역으로 나뉜다. 프라하 여행의 꽃은 구시가 지역이다. 좀 더 범위를 좁히면, 구시가광장 주변이다. 그다음이 프라하성, 신시가광장 구역이다.

결론부터 말하면, 프라하 구시가광장은 나의 해외여행 경험에 비추어 지구상에서 가장 매력적인 공간이다. 어떻게 손바닥만 한 공간에 이렇게 기막힌 이야기들이 숨어 있고, 이렇게 개성 있고 역사적인 건축물들이 모여 있으며, 이렇게 많은 인물들이 거쳐 갈 수 있는지! 파고들면 들수록 경이롭기만 하다.

프라하 여행의 3대 명소는 프라하성, 카를교, 구시가광장과 천문시계다. 이른바 깃발 관광으로 불리는 패키지 관광에서는 카를교를 한 번 왕복하며 석축교 난간에 세워진 여러 성인(聖人)들에 대한 설명이 이어진다. 하지만 아주 신실한 가톨릭 신자가 아니라면 발음하기도 힘든 성인의 이름들은 오른쪽 귀로

카를교 풍경.

들어오자마자 왼쪽 귀로 빠져나간다. 보헤미아의 성인들이 한국인의 정신생활과 접점이 미약한 탓이리라. 실제로 프라하를 다룬 단순 여행서들 대부분이 카를교의 석상들을 몇 페이지에 걸쳐 소개하고 있는데, 솔직히 눈에 들어오지도 않고 읽히지도 않는다.

깃발 관광의 경우 구시가광장에서 허락되는 자유 시간이 길어야 1시간이다. 대부분의 단체 관광객들은 옛 시청 외벽의 천문시계 앞에서 매시간 정각에 12사도가 때맞춰 1분간 돌아가는 것을 왁자하게 구경하고 동영상을 찍는다. 일부 여행사 가이드들은 구시가광장 주변에 있는, 스와로브스키 같은 명품 가게의 위치를 설명하느라 침을 튀긴다.

프라하가 자유세계에 알려진 것은 1989년 벨벳 혁명부터다. 그러나 한국인은 구시가광장을 1989년 이전에도 많이 보아왔다. 다만 그곳을 '구시가광장'으로 인지하지 못했을 뿐. 물론 이것도 40대 이상의 연령대에 국한될 가능성이 높지만 말이다.

영화 「새벽의 7인」. 원제는 Operation Daybreak. 실화를 바탕으로 만들어진 영화다. 1942년 5월 27일 일어난 나치의 체코 사령관 라인하르트 하이드리히 암살 사건을 다뤘다. 프라하 현지에서 촬영한 이 미국 영화가 개봉된 것은 1979년. 미국과 공산국가 체코슬로바키아는 국교가 없는 상황이었는데 어떻게 영화 로케이션이 가능했을까. 공산정권 입장에서 보면 이 영화는 나치 독일에 저항한 체코 레지스탕스를 다루는 것이기에 체제에 위협적일 게 없다고 판단했다. 제2차 세계대전 중 나치 독일은 공산당과 불구대천의 원수지간이었다.

이 영화 덕분에 우리는 공산체제 속의 1970년대 프라하를 조금이나마 엿볼 수 있었다. 프라하 곳곳이 여러 장면에 나온다. 구시가광장도 나오고 카를교도 보인다. 그러나 우리는 이 영화를 보면서 프라하의 아름다움을 거의 느끼지 못했다. 나치에 저항하는 레지스탕스의 필사적 몸부림이 영화 전체를 무겁게 짓눌렀기 때문이리라. 자유가 사라진, 묘지의 평화만이 감도는 전체주의 도시에서는 건축물조차 생기와 윤기를 잃는다.

영화에는 레지스탕스를 숨겨준 집의 소녀가 레지스탕스가 암살에 사용하고 버려둔 자전거를 현장에서 몰래 가져오는 장면이 나온다. 그때 구시가광장이 배경 화면으로 짧게 잡힌다. 얀 후스 동상과 틴 성당, 골즈 킨스키 궁전이 보인다. 공산체제 속의 구시가광장은 음울한 잿빛이다.

구시가광장의 골즈 킨스키 궁전. 카프카는 이곳에 있던 왕립 김나지움을 다녔다.

주변 건물의 현관을 꼼꼼히 봐야 하는 이유

지금부터 구시가광장을 재미있게 음미하는 코드를 하나 소개한다. 정확히 말하면 프라하성과 성 앞마을, 아랫마을, 구시가광장 주변이 되겠다. 이 세 구역의 건물들은 대부분 중세 시대에 지어진, 수백 년 이상 된 건축물이라는 점을 기억해두자. 프라하를 중세의 신비를 간직한 도시라고 칭하는 이유다. 구시가광장을 유네스코가 세계 문화유산으로 지정한 근거다.

우리나라에서 귀족 신분이 아닌 평민이 성(姓)과 이름을 갖게 된 역사는 불과 200년도 되지 않는다. 마찬가지로 서구 도시들이 지금처럼 도로명 주소를 갖게 된 것도 생각보다 역사가 짧다.

구시가광장과 주변 골목길의 건물을 유심히 살펴보자. 건물 현관 윗부분에는 번지수 옆에 조형물이 부착되어 있거나 그림이 그려져 있다. 그 이미지는 황금 곰부터 두꺼비까지 정말 다양하다. 포도와 같은 열매 이미지를 붙여놓은 집도 있다. 이 이미지는 중세 시절, 간판과 문패와 번지수를 대신했다. 집주인의 생업을 표시하기도 했고, 기호나 취미, 삶의 철학이나 인생관을 드러내기도 했다.

프라하에 도로명 주소가 도입된 것은 1770년이다. 보헤미아 왕국이 합스부르크 제국의 식민지로 있던 시대다. 조선으로 치

프라하의 각 건물 현관 위에 붙어 있는 다양한 이미지들.

면, 21대 왕 영조 집권 시절이다.

시 당국이 도로 양옆 건물에 번호를 홀짝으로 부여함으로써 행정 집행의 효율성이 좋아졌다. 시민들의 일상생활도 한결 편리해졌다. 아버지가 아들에게 심부름을 보내면서 "구시가 ○○○ 길 18번지에 가서 치즈 좀 사 오너라"라고 하면 끝났다. 더 이상 "구시가 ○○○ 길에 가면 현관에 양 그림이 걸린 집이 있는데, 거기 가서 치즈를 사 와라"라고 할 필요가 없어졌다.

프라하 시민들은 교양인이었다. 도로명 주소가 편리함을 준 것은 사실이지만 그렇다고 해서 수백 년 된 전통을 하루아침에 헌신짝처럼 버리진 않았다. 그들은 실용의 편리함과 전통의 아름다움이 병존하는 방식을 선택했다.

삐뚤빼뚤 중세 시대 거리를 걷는 기분이란

구시가광장에서 헤매지 않고 카를교로 '한 번에' 가려면 카를로바(Karlova) 길을 따라 걸어야 한다. 카를교와 이어지는 골목길이라고 해서 '카를로바'라는 이름이 붙었다. 그런데 카를로바 길을 잃어버리지 않고 쭉 걸어가는 게 생각만큼 쉽지 않다. 두 사람이 겨우 지나다닐 만한 아기자기한 골목길이 삐뚤빼뚤 얽히고설켜 있는 데다, 자칫 가게가 예쁘다고 한눈을 팔다가는

네루도바 거리.
프라하에서 가장 역사가 오래된
수제 바이올린 가게가 있다.

길을 잃을지도 모른다. 좁은 골목길에 보석 같은 가게들이 숨은 그림처럼 박혀 있어 정신을 홀리기 딱이다. 하긴, 까마득한 중세에 조성된 거리를 21세기 사람이 걸으면서 길을 잃지 않는다면 오히려 그것이 더 이상하지 않겠는가. 그 시차(時差)만으로도 누구나 현기증을 느낄 것이다. 구시가 골목길에서는 중세의 일상이 그랬던 것처럼 시곗바늘이 라르고(largo)의 속도로 간다. 도무지 급할 게 없다. 뉴욕 맨해튼의 타임스 스퀘어에서처럼 알레그로(allegro)로 걷는 사람은 아무도 없다. 이것이 프라하 구시가의 매력이다.

카를로바 길에서 눈여겨봐야 할 것은 22번지와 24번지 집이다. 금박을 입힌 아름다운 자태의 여성 조형물이 1층과 2층 경계에 설치되어 있다. 누구일까? 누구길래 저렇게 화려하게 만들어, 사람들의 눈에 잘 띄게 했을까.

이 조형물의 주인공은 '리부셰(Libuše)'다. 보헤미아 왕국의 시조(始祖)인 프레미슬리드 왕조를 세운 지도자로, 체코의 건국 신화에 등장하는 첫 번째 왕이다. 이 건국 신화를 오페라 「리부셰」로 만든 사람이 작곡가 스메타나다. 카를로바 22번지와 24번지 집주인은 추측건대 보헤미아인 정체성의 상징으로 리부셰를 내세웠던 것 같다.

↑ 카를로바가 22번지와 24번지에 설치되어 있는 리부셰 조형물.
↓ 프라하에서 가장 오래된 수제 바이올린 가게의 현관 조형물.

카를로바 길에서 빠져나와 구시가광장의 남쪽을 자세히 보자. 천문시계를 등지고 보이는 주상복합 건물군(群)이 남쪽이다. 구시가광장에서 신시가광장, 즉 바츨라프 광장에 이르는 최단 거리는 이 건물군 사이로 나 있는 첼레트나 길을 통과하는 것이다.

첼레트나 거리 초입에서 왼쪽으로 네 번째 건물 현관을 자세히 보자. '양과 양치기'의 돌조각 부조가 보인다. 1500년대 초기에 지어진 이 집의 별명은 '스톤 램(Stone Ram)'이다. 그런데 천천히 뜯어보면 양의 뿔이 하나, 유니콘(unicorn)이다.

구시가에서 '스톤 램' 집 다음으로 오래된 곳은 코즈나(Kozná)가 1번지 집이다. 코즈나가는 섹스도구박물관을 지나자마자 보이는 작은 골목길이다. 코즈나가 1번지는 별칭이 '두 마리 황금 곰의 집'이다. 보헤미아 왕국 시절인 1567년 부유한 상인이 왕실 건축가에게 설계를 의뢰했다. 이 집의 현관이 현재의 모습대로 만들어진 것은 1590년. 프라하에서 가장 화려한 르네상스 양식의 현관이다. 이 집은 일반에 공개되지 않는다.

구시가광장에서 카를교를 지나 프라하성에 가려면 성 아랫마을인 말라 스트라나를 거치게 된다. 이때 지나게 되는 오르막길이 네루도바 거리다. 이 동네에서 살았던 저널리스트 겸 작가 네루다의 이름에서 따왔다. 미국대사관을 비롯해 여러 나라의 대사관이 네루도바가에 자리 잡고 있다. 네루도바가 12번지에는 빛바랜 바이올린 세 개가 조각되어 있고, 16번지에는 황금 컵이 붙어 있는 집이 보인다. 12번지는 프라하에서 가장 역사가 오래된 수제(手製) 바이올린 가게다. 대대로 이어오는 바이올린 장인 가문의 집이다.

구시가광장을

걸었던 사람들

카프카: 오직 이곳에서 나고 자라고 쓰다

옛 시청 외벽의 천문시계를 보았으면 이제는 차분하게 구시가광장을 거쳐 간 인물들의 흔적을 하나씩 살펴본다. 먼저 프란츠 카프카(1883~1924). 카프카는 제임스 조이스, 마르셀 프루스트와 함께 '20세기 3대 소설가'로 평가받는다.

물론 밀란 쿤데라(1929~)도 구시가광장에 흔적을 남겼다. 고향 브루노에서 열아홉에 프라하로 상경해 프랑스로 망명하기 전까지 수없이 구시가광장을 거닐었다. 보후밀 흐라발(1914~1997)도 프라하에서 살았다. 그의 단골 술집 '우 즐라테호 티그라'는 흐라발로 인해 세계적인 명성을 얻었다. 그러나 쿤데라도, 흐라발도 구시가광장과의 질긴 유착성을 놓고 보면

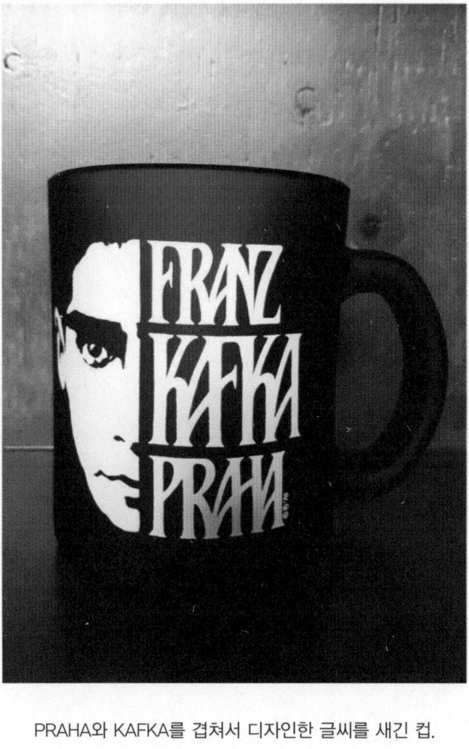

PRAHA와 KAFKA를 겹쳐서 디자인한 글씨를 새긴 컵.

카프카와 비할 데가 못 된다. 프라하와 카프카는 벌써 이름에서부터 닮은 꼴이다. PRAHA와 KAFKA. 운율(韻律)에서도 흡사하다. 어떤 기념품 가게에서는 PRAHA와 KAFKA를 겹쳐서 디자인한 글씨를 새긴 컵을 팔기도 한다.

구시가광장에서는 카프카가 밟았던 포석을 밟지 않고 걸어 다닐 수가 없다. 이곳에는 카프카와 직접적인 연관이 있는 건물이 여섯 곳 있다. 이미 프라하의 카프카 흔적을 따라가는 두꺼운 책이 독일어와 체코어, 영어로 나와 있을 정도다. 이런데도 어렵게 프라하까지 와서 카프카를 느끼지 못한 채 깃발만 따라다닌다? 그것은 눈뜬장님처럼 구시가광장을 걸어 다닌 것이나 마찬가지다.

먼저 카프카가 태어난 집을 찾아가 보자. 구시가광장 북쪽 면으로 시선을 돌린다. 흰색 외벽의 성 미쿨라셰 성당이 보인다. 그 왼쪽에 낡은 3층 집이 있고, 그 앞에 작은 광장이 있다. 작은 광장은 구시가광장과 연결되어 있으면서도 분리되어 있는 듯하다.

이 3층 집이 카프카가 태어난 마이슬로바 2번지. 유대인 구역의 가장자리에 위치한다. 그러니까 과거 유대인 게토 지역은 이 집 뒤쪽이다. 안쪽으로 쭉 들어가면 올드 시나고그, 옛 유대인 예배당이 나온다. 연구가들은 흔히 카프카를 가리켜 '경계

미누트 하우스.
카프카가 유년기 7년을 보낸 집이다.

인의 운명'이라고 평하곤 한다. 생가가 유대인 구역과 비유대인 구역의 경계선상에 있기 때문이다.

마이슬로바 2번지 집 모서리 기둥에는 카프카의 얼굴 부조가 붙어 있다. 깡마른 얼굴이다. 기름기라곤 티끌만큼도 없다. 그러나 눈빛은 형형하다. 그 밑에 체코어로 '1883년 7월 3일 이 집에서 태어났다'고 적혀 있다.

이번에는 카프카가 유소년기 7년을 보낸 집으로 가보자. 다시 천문시계를 바라보고 선다. 천문시계 앞에서 카를교 방향인 왼쪽으로 고개를 돌리면 외벽 장식이 특이한 4층 건물이 보인다. 미누트 하우스다. 검정 바탕 위에 여러 가지 그림을 그렸다. 르네상스 양식의 하나인 스크라피티(scraffiti)다.

카프카는 이 집에 살면서 틴 성당 뒤쪽의 독일어소년학교를 졸업했고, 골즈 킨스키 궁전에 있던 오스트리아 왕립 김나지움을 다녔다. 카프카의 아버지는 유대계 체코인이었지만 아들만큼은 오스트리아 지배층으로 출세시키려 독일어학교에 보냈다(카프카는 작품을 전부 체코어가 아닌 독일어로 썼다).

이번에는 옛 오스트리아 왕립 김나지움이 있던 곳으로 가본다. 골즈 킨스키 궁전이다. 아침을 먹고 학교에 가려고 미누트 하우스에서 나온 소년 카프카의 발걸음으로 걸어본다. 여기저기 한눈을 팔며 작은 돌멩이를 툭툭 차며 걸어도 10분이면 족한 거리다. 성인의 걸음이라면 3~4분이다. 골즈 킨스키 궁전은 구시가광장에서 벌어진 모든 사건의 목격자이자 증언자이다. 1948년 체코슬로바키아 민주공화국 몰락, 1968년 프라하의 봄, 1989년 벨벳 혁명까지 모두 구시가광장에서 벌어졌다.

골즈 킨스키 궁전은 킨스키 백작의 궁전으로 지어져 사용되다가 19세기부터 20세기 초까지 오스트리아 왕립 김나지움으로 쓰였다. 카프카는 1893년부터 1901년까지 8년간 김나지움을 다녔다. 그러니 구시가광장에 그의 발길이 닿지 않은 포석이 없다는 이야기는 결코 과장이 아니다. 1948년 2월, 체코 공산당 지도자 고트발트는 궁전 2층 발코니에서 좌우 합작으로 출범한 정부를 전복하고 공산 쿠데타가 승리했음을 선언했다. 골즈 킨스키 궁전은 현재 국립미술관으로 사용된다.

구시가광장은 유럽 건축 양식의 백화점이다. 고딕부터 아르누보까지 모든 건축 양식이 한데 몰려 있는 곳은 프라하 구시가광장이 세계에서 유일하다. 잠깐, 구시가에 모여 있는 건축 양식 현장학습을 해보자. 먼저 틴 성당이다. 하늘을 찌르는 듯한 첨탑에서 누구나 틴 성당이 고딕 양식이라는 것을 안다. 그러나 성당 내부는 바로크 양식을 선택했다. 성 미쿨라셰 성당은 바로크 양식이다.

↑ 구시가광장의 랜드마크인 틴 성당. ↓ 시민회관과 화약탑.

이 중 골즈 킨스키 궁전은 드물게 로코코 양식이다. 바로크 시대 끝부분에 잠깐 등장했다 사라진 양식이 로코코다. 섬세하고 아기자기한 건축 미학이 엿보인다.

프라하 봄 국제 음악 축제가 개막하는 시민회관은 아르누보 양식이다. 스메타나 홀이 따로 있는 시민회관은 체코 아르누보의 꽃으로 평가된다. 모차르트의 오페라 「돈 조반니」가 초연된 스타보브스케 극장은 신고전주의 양식이다.

다시 구시가광장의 골즈 킨스키 궁전으로 돌아가자. 골즈 킨스키 궁전 건물에서 놓치지 말아야 할 곳이 1층 오른쪽의 상점이다. 상호에 'KAFKA'라는 이름이 보인다. 프란츠 카프카의 아버지 헤르만 카프카는 10대부터 생활전선에 뛰어들어 산전수전 다 겪으며 잡초처럼 살아남았다. 그는 수단과 방법을 가리지 않고 악착같이 돈을 벌었다. 프란츠 카프카가 골즈 킨스키 궁전에 있던 김나지움을 졸업하고 프라하대학에 진학했을 무렵, 아버지는 마침내 구시가광장의 최고 길목에 보란 듯이 잡화점을 열었다.

100년 전까지만 해도 프라하의 중심은 구시가광장이었다. 모든 게 구시가광장에서 시작되고 끝을 맺었다. 그런 보헤미아의 핵심 중의 핵심에 유대계 체코인이 번듯한 가게를 갖는다!

그 꿈같은 일을 헤르만이 맨주먹으로 이뤄냈다.

지금은 카프카 집안과 아무런 상관 없는 사람이 운영하지만 여전히 상호만큼은 'KAFKA'다. 구시가광장과 프란츠 카프카 가계(家系)의 떼려야 뗄 수 없는, 그 토착성을 가볍게 보지 않는다는 증거다.

구시가광장에는 카프카가 산업재해보험공단에 다닐 때 종종 들르던 문학 살롱이 있다. 귀족 부인 베르타 판타는 자신의 집에서 문학 살롱을 열곤 했는데, 퇴근 후 남몰래 글을 쓰던 카프카는 이 문학 살롱에 자주 가곤 했다. 그 문학 살롱은 앞서 언급한 '스톤 램' 건물에 있었다. 카프카가 14년간 근무한 산업재해보험공단 사옥도 구시가광장에서 15분 거리에 있었다. 현재 그곳은 메르퀴르호텔로 운영 중이다. 지하철 레푸블리키 광장역과 가깝다.

카프카의 대표작 중 하나인 『성(城)』을 쓴 오펠트 하우스 역시 성 미쿨라셰 성당과 길 하나를 사이에 두고 있다. 이렇게 보면 카프카의 41년 생애가 생가에서 반경 1킬로미터 이내에서 이뤄졌으며, 그 중심은 구시가광장이었다는 이야기가 실감이 날 것이다.

기왕 카프카를 키워드로 구시가광장을 누볐다면 교양인으로서 문학 용어 하나 정도는 알아두고 가는 것도 나쁘지 않을

카프카 숍. 골즈 킨스키 궁전 1층에 있다.

것 같다. 물론 카프카 문학 사전이 따로 있을 만큼 카프카 문학 세계에 들어가는 데 알아두어야 할 필수적인 용어들이 많다. 여기서는 카프카에스크(Kafkaesque) 하나만 기억해두자. 카프카만이 설정하고 묘사할 수 있는 비현실적이고 끔찍한 상황이지만 많은 사람들이 공감하는 분위기를 가리켜 카프카에스크라 부른다.

모차르트: 빈에서 상처받은 그를 프라하가 보듬다

잘츠부르크 태생인 볼프강 아마데우스 모차르트(1756~1791)는 35년 인생 중 후반부 10년을 빈에서 보냈다. 그 10년을 나눠보면 전반 7년은 모든 게 술술 풀리는, 향기로운 꽃길이었다. 하지만 후반 3년은 모든 게 으지직거리고 유황 냄새가 자욱한 자갈길이었다.

모차르트가 말년에 경제적으로 궁핍했던 결정적인 이유는 안정적인 수입원이 없었기 때문이다. 호프부르크 궁정 악장 자리를 놓고 살리에리와 벌인 경쟁에서 패한 것이 결정적으로 궁핍을 가중시켰다. 밀로시 포르만(1932~2018)의 영화 「아마데우스」에도 이러한 상황의 일단이 묘사된다.

이름에서 짐작할 수 있듯 안토니오 살리에리(1750~1825)는 이탈리아 출신의 작곡가이자 지휘자다. 당시 유럽에서 궁정 악장직(職)은 명예와 함께 경제적 안정이 보장되는 최고의 자리였다. 당시는 저작권이라는 개념 자체가 없었다. 작곡가는 곡을 만들어 출판사에 악보를 팔고 연주회가 있을 때 지휘료나 연주료를 받는 게 전부였다. 사정이 이렇다 보니 음악가들은 후원자가 없으면 대부분 생활 자체가 어려웠다.

궁정 악장 자리는 음악가라면 누구나 선망하고 욕심을 낼 만한 요직이었다. 하지만 유럽 주요 왕국의 궁정 악장은 이탈리아 출신들의 독무대였다. 그들은 서로 끌어주고 밀어주면서 궁정 악장직을 사실상 독점했다. 사정이야 어찌 되었든 호프부르크 왕실은 살리에리의 손을 들어주었고, 경쟁에서 패한 모차르트는 안정적인 수입원을 잃었을 뿐 아니라 서서히 음악 소비층으로부터 잊혀갔다.

어린 시절 모차르트가 아버지와 함께 유럽 각지를 순회하는 그랜드 투어를 했다는 사실은 널리 알려진 이야기다. 그때 모차르트는 프라하에 가지 않았다. 그러나 모차르트가 빈에서 성공하고 나서 가장 좋아한 도시는 프라하였다. 음악적 수준이 높았던 프라하 시민들이 모차르트의 음악을 높이 평가했기 때문이었다. 특히 「피가로의 결혼」이 공연된 이후 프라하 귀족과 시민들은 모차르트에 열광했다. 모차르트는 최후의 교향곡

38~41번 중 38번 교향곡에 '프라하'라고 이름 붙였다. 이것을 보면 모차르트가 프라하를 어떻게 생각하는지 알 수 있다. 참고로 41번의 표제는 '주피터'. 신들의 신이라는 '주피터'를 마지막 교향곡에 붙였다.

1791년 12월 모차르트가 눈을 감았을 때, 빈은 모차르트를 애도하지 않았다. 믿기지 않는 사실은 호프부르크 궁전은 말할 것도 없고 빈 귀족 사회에서 그 누구도 모차르트의 죽음 자체를 알지 못했다. 그의 시신이 슈테판 성당 시체 안치소에서 행려병자의 시체들과 함께 몇 시간 동안 방치되었다는 사실이 모든 상황을 압축한다.

빈은 무심했지만 프라하는 비통해했다. 성 미쿨라셰 성당에서 모차르트를 추모하는 미사가 열렸다. 성 미쿨라셰 성당은 우리가 조금 전 카프카 생가를 찾아가면서 스쳐 지나갔던 공간이다(같은 이름의 성당이 말라 스트라나에도 있다).

모차르트는 이 바로크 양식의 성당에서 프라하 시민들의 마음에 영원히 잊을 수 없는 감명을 아로새겼다. 1787년 이곳에서 직접 바로크 오르간을 연주한 것이다. 프라하에는 모차르트와 관련해 음악사적으로 중요한 공간이 또 있다. 구시가광장 남측의 첼레트나 거리로 가본다. 천문시계를 등지고 볼 때 10시 방향이다. 신시가광장, 즉 바츨라프 광장 방향으로 가다 보면

스타보브스케 극장. 1787년 모차르트가 이곳에서 「돈 조반니」의 초연을 지휘했다.

스타보브스케 극장 앞 청동 조형물.

스타보브스케 극장과 만난다. 극장 앞에 얼굴이 없는 사람 조형물이 놓여 있어 그냥 지나치기도 어렵다. 지하철 무스테크역에서 아주 가깝다.

스타보브스케 극장. 1787년 10월 29일 모차르트가 오페라 「돈 조반니」의 초연을 지휘한 극장이다. 모차르트는 「돈 조반니」 초연에서 피아노 연주를 맡았다. 영화 「아마데우스」에서 모차르트가 식은땀을 뻘뻘 흘리며 「마술피리」를 지휘하는 장면을 기억할 것이다. 실제로 「마술피리」는 모차르트가 건강이 최악일 때 빈에서 올려진 작품이다. 밀로시 포르만 감독은 「마술피리」 장면을 찍으며 스타보브스케 극장을 빈의 극장으로 설정했다.

1783년 신고전주의 양식으로 지어진 이 극장은 4년 뒤 「돈 조반니」 초연으로 불멸의 이름을 얻었다. 모차르트 팬들에게는 메카 같은 곳이다. 극장 앞에는 유령 형상의 청동상이 있다. 투명인간이 검은색 망토를 뒤집어쓴 모양새다. 스타보브스케 극장이 역사적인 초연을 기념해 모차르트에게 헌정한 동상이다. 괴기한 형상으로 인해 설령 극장과 모차르트의 관계를 모른다 해도 발길을 멈추게 된다.

모차르트 마니아라면 구시가광장에서는 조금 멀지만 모차르트 박물관도 가볼 만하다. 모차르트가 아내 콘스탄체와 함께 보헤미아 작곡가 두세크 부부의 초청을 받아 장기간 머물며 「돈 조반니」를 다듬은 공간이다.

스메타나: 보헤미아인의 정신을 노래하다

프라하성으로 가기 전, 우리는 구시가광장에서 보헤미아의 민족음악가 한 사람을 만나고 가야 한다. 베드르지흐 스메타나(1824~1884)다. 프라하의 대표 축제 중 하나인 프라하 봄 국제음악 축제는 5월 12일 시작해 6월 3일 끝난다. 5월 12일은 스메타나가 하늘계단을 밟은 날이다.

이날 오전 보헤미아 국립묘지인 비셰흐라트에서는 스메타나의 석관을 열었다 닫는 의식이 열린다. 밤에는 시민회관 스메타나 홀에서 교향시 「나의 조국」이 연주된다. 봄 음악 축제가 펼쳐지는 메인 홀은 체코 교향악단의 본거지인 루돌피눔이다. 6월 3일 마지막 공연은 시민회관 스메타나 홀에서 열린다.

스메타나는 프라하 사람이 아니다. 리토미슐 출신이다. 그는 스물네 살 때인 1848년, 구시가광장에 사설 음악학교를 열었다. 구시가광장 남측, 첼레트나 거리 입구에 있는 '황금 유니콘' 건물이다. 흰색 외벽에 스메타나가 음악학교를 열었던 집이라는 짙은 회색 명판(플라크)이 붙어 있다. 구시가광장이 정치와

비셰흐라트 국립묘지 표지판.

스메타나는 프라하 출신은 아니지만 이곳 국립묘지에 잠들었다.

경제의 중심지이던 시절이니 음악학교는 성황을 이뤘다. 하지만 이 명판은 여행객들의 눈길을 끌지 못한다. 천문시계의 흥미진진한 움직임에 비하면 초라해 눈에 잘 띄지 않는다.

이제 블타바강 변의 스메타나 박물관으로 가보자. 스메타나의 사생활은 불행의 연속이었다. 불과 5년 사이에 아내와 세 아이를 잇달아 잃었다. 훗날 어린 여자와 재혼을 했지만 이 또한 순탄하지 못했다. 급기야 그는 '부끄러운' 병에 걸려 청력을 잃고 정신이상으로 병원에 강제 수용된 채 최후를 맞았다. 그는 죽기 직전 아무것도 삼키지 못했지만 플젠 맥주만은 마셨다.

카를교로 통하는 카를로바 거리를 걷는다. 카를로바 22~24번지에서 우리는 다시 한번 아르누보 양식의 리부셰 조형물을 만난다. 카를교 어귀에 한 남자의 동상이 있다. 카를 4세다. 보헤미아 왕국에서 가장 위대한 왕으로 칭송받는 인물이다. 보헤미아의 왕이자 신성로마제국의 황제로서 카를 4세는 프라하를 신성로마제국의 수도로 정했다. 그때부터 프라하는 발전을 거듭해 오늘날과 같은 골격을 갖추게 되었다.

곧바로 카를교로 들어가지 말고 블타바강 둑으로 난 길을 따라 남쪽으로 걸어가 본다. 건물에 붙어 있는 길 이름을 유심히 살펴본다. '스메타노보 나브르제지'. '스메타나 둑길'이라는 뜻이다. 곧바로 스메타나 박물관 이정표가 보인다. 스메타나가 거쳐 간 몇몇 곳에 스메타나 박물관이 있지만, 이곳이 규모와 소장 자료에서 최고다. 스메타나 박물관에는 자필 악보를 포함해 오페라 「리부셰」 포스터 같은 다양한 물품이 전시 중이다. 1824년 출생증명서, 1851년 결혼증명서, 1884년 사망증명서도 보인다.

사람마다 다르겠지만 전시물 중에서 나를 사로잡은 것은 '귓속 뼛조각'이었다. 세상의 소리를 듣게 해준 작곡가의 청각기관. 한 줌 흙이 된 그의 육신에서 세월을 이기고 살아남은 단 한 조각.

스메타나 박물관 옆에는 블타바강의 물소리를 들으며 식사를 할 수 있는 근사한 카페가 있다. 여기서 커피를 마시며 잠시 에너지를 충전한다. 이 카페에서는 블타바강에 걸쳐 있는 카를교를 측면에서 관찰할 수 있다. 블타바강은 스메타나 이전에도 지금처럼 흘렀고, 앞으로도 그렇게 흐를 것이다. 블타바강은 그냥 강이 아니다. 보헤미아인의 정신세계에 유장하게 굽이쳐 휘돌아 가는 강이다. 스메타나의 교향시 「나의 조국」 제2곡이 '블타바'인 이유다.

박물관 앞에는 스메타나 동상이 있다. 좌상(座像)인데, 어딘

스메타나 박물관 앞의 스메타나 동상. 공산체제 시절,
사회주의 리얼리즘의 영향을 받아 어딘가 부자연스럽다.

가 부자연스럽고 엉거주춤하다. 프라하가 공산체제 속에 있을 때 이른바 '사회주의 리얼리즘'에 입각해서 만들어진 예술품이다. 예술적 심미안이 없는 사람이 보더라도 작품성이 떨어져 보인다.

스메타나는 지금 어딜 보고 있는 것일까. 그의 시선을 따라가 본다. 작곡가의 눈길은 스메타나 둑길과 평행을 이루면서 멀리 황금빛으로 반짝이는 건축물에 머문다.

그 건축물은 국립극장이다. 보헤미아인들이 민족 운동의 일환으로 성금을 모아 세운 극장. 스메타나는 국립극장이 건축되는 동안 임시 상임 지휘자가 된다. 음악 인생의 최절정이었다. 국립극장과 길 하나를 사이에 둔 집, 스메타나 둑길 8번지. 라잔스키 팰리스로 불리는 이 집에 살면서 스메타나는 음악가로 전성기를 보냈다.

얀 후스: 진리는 반드시 승리한다

구시가광장에서 여기저기 둘러볼 때마다 시야에 툭툭 걸리는 것이 얀 후스 동상이다. 원경으로 골즈 킨스키 궁전이나 틴 성당을 찍다 보면 반드시 이 조형물이 나온다. 근접 촬영을 하지 않고 전체를 보여주는 앵글을 잡으면 누구라도 얀 후스를 피할

얀 후스 동상과 골즈 킨스키 궁전.

수 없다.

종교 지도자 얀 후스(Jan Hus·1372~1415). 동상은 얀 후스에 대한 지식이 전무한 사람이 봐도 뭔가 다르다는 느낌을 주기에 충분하다. 범접하기 힘든 어떤 권위와 깊이를 잴 수 없는 위엄이 묵직한 울림을 전하는 듯하다.

마르틴 루터가 비텐베르크대학 부속교회 정문에 '95개의 논제'를 게시한 것이 1517년이다. 돈을 받고 면죄부를 파는 가톨릭의 타락을 고발한 종교개혁 운동의 신호탄. 이후 유럽 대륙은 신교와 구교의 갈등과 대립으로 바람 잘 날 없었다. 마침내 죽고 죽이는 살육전이 벌어졌는데 그게 '30년 전쟁'이다.

종교개혁이 일어나기 100여 년 전 보헤미아에서 이미 종교개혁 운동의 불길이 쓰나미처럼 번졌다. 깃발을 든 이가 얀 후스였다. 얀 후스는 프라하 구시가의 베들레헴 채플에서 가톨릭교회의 부패와 타락을 비판하는 설교를 했다. 시간이 흐를수록 그를 따르는 추종자들이 눈덩이처럼 불어나자 교황청이 두려움을 느꼈다. 콘스탄츠 공의회는 얀 후스를 소환해 회유 작업을 한다. 신념을 바꿔라. 그러면 목숨만은 살려주겠다. 얀 후스는 신념을 버리지 않았다. 진리가 반드시 승리한다며 신념을 선택했다. 결국 얀 후스는 콘스탄츠 공의회 앞 광장에서 화형에 처해졌다. 1415년 7월 6일이다.

얀 후스를 따르는 이들이 화형장의 흙을 몰래 가져와 보헤미아에 뿌렸다. 얀 후스의 순교를 잊지 말자! 얀 후스 추종 세력이 군사를 일으켜 가톨릭 정규군과 대결을 벌였다. 농민군인 들은 무기는 보잘것없었지만 투지는 하늘을 찔렀다. 이들은 가톨릭 군대를 연파하며 보헤미아 평원을 피로 물들였다. 이들을 가리켜 허사이트(Hussite·후스파 신도들)라 부른다. 허사이트가 가톨릭 군대에 맞서 목숨을 바치며 저항한 곳이 보헤미아 중부 도시 타보르다.

진리가 반드시 승리한다는 얀 후스의 저항정신은 체코인의 정신에 뿌리내렸다. 마르틴 루터가 1517년 종교개혁의 깃발을 든 것도 얀 후스의 개혁 운동에 영향을 받은 결과다. 스메타나가 청력을 완전히 잃은 상태에서 작곡한 「나의 조국」의 제5곡 '타보르'는 바로 얀 후스의 생애를 그린 것이다.

얀 후스가 1402년부터 11년간 설교한 베들레헴 채플은 구시가의 카를로바 거리에서 가깝다. 또한 후스파 신도들의 본거지였던 장소가 바로 구시가광장의 틴 성당이다.

얀 후스의 저항정신은 체코인의 DNA가 되어 현대사에까지 면면히 이어져 내려왔다. 오스트리아는 1938년 나치 독일에 합병당했지만 점령 기간 동안 그들은 이렇다 할 저항 한 번 하지 못했다. 하지만 체코인은 달랐다.

1942년 5월 27일 체코 레지스탕스는 출근길의 나치 총사령관 라인하르트 하이드리히를 암살한다. 거사 후 체코 레지스탕스가 은신한 장소가 '성 키릴 & 메토디우스 성당' 지하 봉안당이다. 그들은 영화 「새벽의 7인」에서처럼 끝까지 저항하다 숨을 거둔다.

새벽의 7인이 끝까지 저항한 성당 지하실은 현재 국립기념관으로 운영 중이다. 체코인들은 매년 6월 18일 이곳에서 기념식을 갖는다. 이곳을 찾아가는 길은 쉽다. 블타바강 둑길을 따라 프라하 신시가의 랜드마크인 댄싱타워를 찾아간다. 댄싱타워 옆길로 올라가면 금방이다.

얀 후스의 저항정신은 이것으로 끝나지 않았다. 신시가광장으로 가본다. '프라하의 봄'이 소련군의 탱크 아래 짓밟힌 직후인 1969년 1월 16일. 카를대학 1학년생 얀 팔라흐가 신시가광장에 나타나 소련의 침공에 항의하며 몸에 불을 붙였다. 프라하시는 얀 팔라흐가 쓰러진 광장 바닥에 십자가 기념상을 만들어놓았다.

얀 후스 동상은 순교 500주년이었던 1915년 구시가광장 한복판에 세워졌다. 누구든 구시가광장에 오면 얀 후스를 볼 수밖에 없다. 나치 점령기(1939~1945)에는 아예 얀 후스 동상 전체를 거대한 검은 천으로 덮어놓았다. 얀 후스의 소리 없는 외

↑ 체코 레지스탕스가 끝까지 저항한 성 키릴 & 메토디우스 성당 지하실은
현재 국립기념관으로 운영 중이다.
↓ 지하실 환풍구 주변에 총탄 사국이 선명하다.

댄싱타워.

침을 나치 지휘부가 그냥 두고 보기가 부담이 되었으리라. 그렇다고 함부로 없앨 수도 없고.

중세의
신비를 간직한

프라하성

이제 카를교를 걸어가 보자. 양쪽에 성인 30인의 석상이 놓여 있다. 이들 중 상당수는 19세기 말 성직자들로, 국왕의 명령으로 카를교에서 블타바강에 던져져 순교한 사람들이라고 한다. 동양인에겐 낯설기 짝이 없지만 보헤미아 성인들을 사열하며 천천히 걸어가 보자. 물론 신실한 가톨릭 신자라면 성인상(像) 앞에서 쉬이 발을 떼기가 힘들 것이다.

돌을 쌓아 만든 카를교가 1357년 처음 세워질 때는 다리 난간 위에 아무것도 없었다. 카를교에서 가장 유명하고 오래된 성인상은 1683년에 세워진 네포무크(Nepomuk) 신부다. 왕비의 고해성사 내용을 알려달라는 왕의 청을 거절했다가 죽음을 맞은 신부. 그의 발에 손을 대고 소원을 빌면 이뤄진다는 전설이

퍼져 그의 조각상은 하버드대학에 있는 존 하버드의 구두코처럼 언제나 반질반질 광채가 난다. 예수의 시신을 안고 비통해하는 성모 마리아상인 피에타(Pieta)도 있다. 날씨 좋은 날에는 사람이 하도 많아 사진 찍기도 어려울 수 있다.

가장 최근에 설치된 것은 1938년에 놓인 '성 키릴 & 메토디우스' 석상이다. 우리가 조금 전 체코 레지스탕스와 관련해 찾아가 보았던 성당과 같은 이름이다. 30개 석상들의 절반가량은 진품이 아닌 복제품이다. 진품은 국립박물관이나 비셰흐라트 기념관에 보존 중이다.

지금부터는 프라하성을 감상할 차례다. 프라하성과 흐라드차니. 흐라트(hrad)는 체코어로 성(城), 요새라는 뜻. 그러니까 흐라드차니는 '성 앞마을'이라는 뜻이 된다. 우리는 이미 영화를 통해 흐라드차니를 본 적이 있다. 영화 「아마데우스」를 통해서다. 영화에서 흐라드차니의 한 주택이 '모차르트의 집'으로, 프라하성 앞의 작은 성은 '호프부르크'로 등장했다.

프라하성으로 들어간다. 성 입구는 화려하거나 장엄하지는 않다. 오히려 섬찟하고 두려운 느낌을 준다. 정문에 설치된 석상 때문이다. 한 사람은 칼로 짓밟힌 사람을 찌르려 하고, 한 사람은 짓밟힌 사람을 몽둥이로 내리치려 한다. 그리스 신화에 나오는 '싸우는 거인상'이다.

카를교 입구.

네포무크 성인상.

아픈 역사도 역사다

오랜 세월이 흐르면서 '싸우는 거인상'은 프라하성을 대표하는 상징이 되었다. 뮌헨협정 이후 1939년 체코슬로바키아를 점령한 나치 수뇌부는 이 '싸우는 거인상' 성문 아래를 지나는 사진을 체코 점령의 상징 이미지로 사용했다. 1년 뒤 나치는 프랑스 파리를 무혈점령한 뒤 히틀러가 에펠탑을 배경으로 트로카데로 광장을 걷는 사진을 프로파간다로 활용했다.

'싸우는 거인상'은 18세기 초에 만들어진 것이다. 보헤미아 왕국이 합스부르크 제국, 다시 말해 오스트리아 제국에 편입되어 있던 시절이다. 보헤미아가 오스트리아의 식민지에서 해방된 것은 제1차 세계대전이 끝난 1918년. 그때 처음 보헤미아인은 '체코슬로바키아'라는 국호를 갖게 된다.

'싸우는 거인상'의 메시지는 무엇일까. 동서고금의 역사에서 지배는 피지배 민족에 대한 물리적 폭력으로 이뤄진다. 제2차 세계대전까지의 역사가 그랬다. 보헤미아 왕국이 합스부르크 제국에 나라를 빼앗긴 것은 1620년. 보헤미아 군대는 빌라호라 전투에서 합스부르크 군대에 패배한다. 이 사건으로 보헤미아인들은 300년간 합스부르크 제국의 보호령에 놓이게 된다. 이는 종교의 관점에서 보면 보헤미아 프로테스탄트(신교)가 가톨릭의 지배 속으로 들어간다는 것을 뜻한다.

프라하성 입구의 싸우는 거인상.

'싸우는 거인상'에서 칼과 쇠몽둥이로 척살되기 직전의 사람은 바로 피지배 민족인 보헤미아인이다. 이 조형물은 바로 합스부르크 제국이 300년간 보헤미아를 통치한 원천을 보여준다.

'감히 대들면 곧 죽음이다.'

이상은 평화롭지만 역사는 폭력적이다.

흥미로운 사실은 체코인들이 오스트리아 지배에서 벗어난 지 100년이 지났건만 프라하성 문의 조형물을 그대로 두고 있다는 사실이다. 그들은 식민 지배 역사도 곧 체코 역사의 일부라고 생각한다. '싸우는 거인상'을 없앤다고 해서 300년 역사가 지워지는 게 아니니까.

아기자기한 황금골목길에서 명작이 태어나다

자, 이제 프라하성 안으로 들어가 본다. 프라하성을 마주 보고 있는 게 네오고딕식의 성 비투스 성당이다. 가톨릭을 믿든 믿지 않든 성 비투스 성당은 잠깐이라도 들어가 봐야 한다. 보헤미아인의 정신세계와 닿아 있는 곳이기 때문이다.

성 비투스 성당은 체코의 역대 왕과 성인들의 시신을 봉안해 놓은 곳이다. 보헤미아 왕 레오폴트 2세, 보헤미아의 왕이면서 신성로마제국의 황제였던 카를 4세, 성인 바츨라프 등. 가장 화려한 묘는 성인 네포무크다. 직업정신에 투철했으나 왕의 터무니없는 직권 남용으로 억울한 죽임을 당한 신부 네포무크. 앞서 지나온 카를교에서 가장 인기 있는 석상의 주인공이다.

건축과 그림에 관심이 있는 사람이라면 성 비투스 성당은 또 다른 지적 탐구의 즐거움을 선사한다. 정문 오른쪽에서 고딕 건축물의 특징인 플라잉 버트레스(flying buttress)를 육안으로 확인할 수 있다. 플라잉 버트레스는 고딕 건축에서만 나타나는 양식으로, 높이의 하중을 분산하기 위해 주벽과 떨어져 건물 바깥에 설치한 버팀벽을 말한다. 파리 노트르담 성당의 플라잉 버트레스와 비교해보는 것도 흥미진진하다. 보헤미아 화가 알폰스 무하(1860~1939)를 좋아한다면 무하의 스테인드글라스를 감상하는 것도 덤으로 얻는 지적 희열이다. 어디에서도 본 적이 없는, 무하만의 체취가 물씬 나는 스테인드글라스다.

성 비투스 성당은 체코의 현대 정치와도 깊은 연관성이 있다. 새로 취임한 체코 대통령은 성 비투스 성당에서 미사를 드리는 것으로 공식 일정을 시작한다. 성 비투스 성당은 왕궁과 곧바로 연결되어 있다.

옛 왕궁 발코니는 1989년 12월 29일의 역사적인 사건을 고스란히 저장하고 있다. 피 한 방울 흘리지 않은 벨벳 혁명으로 41년 공산체제를 종식한 민주화 지도자 바츨라프 하벨이 체코슬로바키아 대통령에 선출되었다. 그날 하벨 대통령은 옛 왕궁 발코니에 나와 환호하는 시민들에게 손을 흔들었다.

이제는 성 비투스 성당의 휘황한 아름다움을 뒤로하고 프라하성에서 소박한 아름다움이 숨어 있는 곳으로 가보자. 황금골목길이다. 16세기에 위병과 포병 숙소로 지어져 사용되다가 금세공사들이 잠깐 거주한 것이 계기가 되어 황금골목길이라는 이름이 붙었다. 실제 집 안에서 작은 창문으로 밖을 내다보면 수십 미터 낭떠러지가 보인다.

체코가 자유화된 1990년 이후 황금골목길이 유명해진 것은 이 골목길에서 글을 쓴 시인과 작가들 덕분이다. 세상의 모든 시인과 작가는 세상과 어느 정도 격리된 곳에서 글을 쓰고 싶어 한다. 황금골목길의 집들은 가슴이 탁탁 막힐 정도로 천장이 낮고 비좁다. 그러나 시간이 조금만 지나면, 말로 형용하기 어려운 고요한 상태에 빠지게 된다.

사람들이 가장 많이 머무는 곳이 하늘색 외벽의 22번지다. 프란츠 카프카의 집필실이었다. 때는 제1차 세계대전 중인 1916년. 여동생의 권유로 프란츠 카프카는 산업재해보험공단에서 퇴근하면 집에서 도시락을 싸 와서 22번지 집에서 자정까지 글을 썼다. 이 집에서 카프카는 여러 작품을 써냈다.

『시골 의사』, 『회랑 관람석에서』, 『형제 살해』, 『재칼과 아랍

↑ 카프카가 집필실로 사용한 집. 황금골목길에 있다. ↓ '해골을 업은 남자'.

인』, 『학술원에 드리는 보고』가 22번지에서 탄생한 작품이다. 『학술원에 드리는 보고』는 1980년대 배우 추송웅이 「빨간 피터의 고백」이라는 제목의 모노드라마로 국내에 소개한 바 있다. 지금도 여러 배우들이 「빨간 피터의 고백」을 지속적으로 무대에 올린다. 주호성, 장두이, 이원승 같은 연기력을 인정받은 실력파 배우들이 모노드라마로 연기한다.

노벨 문학상을 수상한 시인 야로슬라프 사이페르트도 이곳 황금골목길에 집필실을 둔 적이 있다. 황금골목길을 빠져나와 프라하성 밖으로 나가는 길은 재미있는 내리막길이다. 역사와 철학이 아기자기하게 교차한다. 내리막길에서 우리는 그 옛날 감옥으로 쓰였던 달리보르탑을 지나게 된다. 녹이 슨 낡은 고문기구도 보인다. 작곡가 스메타나가 작곡한 오페라 「달리보르」는 이 달리보르탑에서 모티브를 얻어 쓴 곡이다.

달리보르탑을 벗어나면 밖이다. 작은 문을 통과하니 흙바닥에 전시된 예술 작품이 여행자를 당혹하게 한다. 남자가 두 팔과 두 다리로 엎드려 있는 가운데 그 위에 해골이 올라타 있다. 해골의 크기가 남자의 몸을 압도한다. 남자는 해골의 무게에 짓눌려 꼼짝달싹 못 하는 모양새다. 이 작품의 제목은 '해골을 업은 남자'. 왜 이곳에 이 작품을 놓겠다고 생각했을까.

죽음을 기억하라(Memento Mori).

Tip

프라하에서 가장 기억에 남는 저녁 식사를 하고 싶다면 어디가 좋을까. 한 끼밖에 없다면 나는 구시가광장의 식당을 강추한다. 구시가광장이 보이는 곳이라면 어디라도 좋다. 짙푸른 밤하늘과 그 명징한 밤공기가 감싸고 있는 포석을 바라보며 식사를 하는 것은 평생 잊지 못할 경험이 된다. 체코식이면 어디든 크게 실망하지 않는다.

그리고 기분이 좋아지면 재즈 카페에 한번 들러보자. 틴 성당 뒤편에 있는 '운겔트 재즈 & 블루스 클럽'이다. 지하 계단으로 내려가는 것부터가 스릴이 있다. 지하 저장고를 재즈 클럽으로 만들었다. 우크라이나, 러시아 같은 다양한 슬라브인들과 재즈로 친구가 될 수 있다. 재즈 클럽은 역시 지하에 있어야 선율이 관능으로 묵직해진다.

Lo

런던

don

Hampstead Heath
ZS
The
Notting Hill
Electric Cinema
PADDINGTON
Kensington Palace
Hyde Park
KENSINGTON
KNIGHTSBRIDGE

Holloway
STOKE NEWINGTON
LK FARM
Gordon Square Garden
The British Museum
The National Gallery
Leicester Square
Trafalgar Square
CITY OF LONDON
YFAIR
Ritz Hotel
THAMES-RIVER
No 10 Downing Street
LONDON
WESTMINSTER
LAMBETH
PIMLICO
VAUXHALL

천천히 걸어야 아름다운 동네

「노팅 힐(Notting Hill)」

영화 「노팅 힐」은 1999년에 나왔다. 「어바웃 타임」, 「브리짓 존스의 일기」, 「러브 액츄얼리」의 각본을 쓴 시나리오 작가 리처드 커티스의 작품이다.

「노팅 힐」은 장르를 분류하자면 로맨틱 코미디 영화다. 줄리아 로버츠가 서른두 살, 휴 그랜트가 서른아홉 살 때 찍었다. 영화는 개봉 20주년을 맞아 2019년 4월, 국내에서 재개봉되었다. 부모가 연애하던 시절, 가슴 설레며 본 영화를 그 부모의 자녀들이 다시 영화관에서 만나게 된 것이다. 20년 전에 나온 영화를 상영관에서 재개봉하는 것은 결코 흔치 않은 일이다. 롯데시네마가 창립 20주년 기념으로 「노팅 힐」을 선택한 이유는 무엇일까.

1999년에 나온 로맨스 영화가 어디 「노팅 힐」뿐이었겠는가. 여러 로맨스 영화 중에서 「노팅 힐」을 꼭 집어 소환한 이유는 주제가도 한몫했을 것이다. 리처드 커티스의 각본의 힘을 뒷받침한 게 테마송 「그녀(She)」. 엘비스 코스텔로가 부른 「그녀」는 아름다운 러브 스토리를 뇌리에 각인시키는 데 큰 역할을 했다.

영화에서 줄리아 로버츠는 할리우드의 톱스타 애나 스콧으로, 휴 그랜트는 노팅 힐의 여행 전문 서점 대표인 이혼남 윌리엄 새커로 나온다. 배우로서 더 이상 올라갈 데가 없을 만큼 성공한 애나 스콧. 그녀의 내면에서는 할리우드 생활에 대한 염증이 커져가고 있다. 모든 게 노출되고 상업적으로만 이용되는, 사생활 없는 배우의 삶에 회의를 느낀다. 영화 「헬릭스」 홍보차 런던을 방문한 애나 스콧은 빡빡한 공식 일정에서 빠져나와 짙은 선글라스로 얼굴을 가린 채 노팅 힐 거리를 거닐다 우연히 여행 전문 서점에 들어간다. 서점 주인 윌리엄 새커는 애나 스콧을 알아보지 못한다.

"찾는 책 있으세요?"

서점 주인이 건넨 첫마디다. 애나 스콧은 가식 없는 평범한 삶을 사는 윌리엄 새커에게 관심을 갖게 된다. 새커가 주스를 사 가지고 가게로 돌아오는 길모퉁이에서 애나 스콧과 부딪치면서 그녀의 블라우스에 주스를 엎질러버린 사건을 통해 두 사람은 가까워진다.

할리우드 사람들에게서 느끼지 못하던 매력을 여행 전문 서점 주인에게서 발견한 애나 스콧. 화려한 조명의 허상을 깨달아가던 그녀에게 윌리엄 새커는 평범한 사랑의 이상형에 딱 맞는 사람이었다. 하지만 윌리엄 새커에게 애나 스콧은 너무나 멀어 보이는 특별한 사람이다. 영화는 잘 어울리는 것 같으면서도 어울리지 않아 보이는 두 사람이 사소한 오해로 가까워졌다가 멀어지고, 다시 멀어졌다가 가까워지는 과정을 보여준다. 비현실적인 사랑이 현실적인 사랑으로 해피엔딩에 이른다.

영화는 노팅 힐에 대한 윌리엄 새커의 내러티브로 시작된다. 주중에는 채소와 과일 노점상이 열리고, 주말에는 골동품 노점상이 포토벨로가(街)에서 노팅 힐 게이트까지 펼쳐진다. 평범한 사람들의 희로애락이 펼쳐지는 공간이다.

윌리엄 새커의 가게는 포토벨로가 142번지 '트래블 북 숍'이다. 포토벨로가의 이모저모가 사계절과 함께 파노라마처럼 흘러간다.

런던의 명물인 빨간색 2층 버스 '더블데커'가 달리고, 최고급 리츠호텔이 여러 번 등장한다. 새커가 리츠호텔에서 찾아간 방은 애나 스콧이 기자들과 연속으로 개별 인터뷰를 하던 '38 트래펄가 스위트'다. 이 방은 실제로 존재한다. 애나 스콧이 시대극 영화를 촬영하는 장소로 '햄프스테드 히스(Hampstead Heath)'도 나온다.

영화에서 극적인 반전이 이뤄지는, 관객을 뭉클하게 만드는 장면은 사보이호텔 기자회견장이다.

윌리엄 새커와 그의 여동생, 지인들이 작은 승용차에 구겨지듯 타고 리츠호텔을 거쳐 사보이호텔로 돌진하는 장면에서는 런던의 여러 거리들이 나온다. 베이스워터, 나이츠브리지, 켄싱턴 처치, 하이드 파크 코너, 파크 레인, 크롬웰……. 좁고 복잡한 오래된 거리에 빨간색 2층 버스가 움직인다. 아주 잠깐 트래펄가 광장도 나오고 애드미럴티 아치도 몇 초 동안 스쳐 간다.

영화의 마지막 장면은 런던의 아름답고 평화로운 공원에서 펼쳐진다. 벤치에서 책을 읽는 새커의 다리에 임신한 애나가 누워 있는 모습이다.

건물의
수명은
사람이 결정한다

지금부터 런던으로 간다. 영화 「노팅 힐」은 런던을 관광이 아닌 여행을 하려는 사람에게 몇 가지 중요한 팁을 준다. 알레그로(allegro)가 아닌 라르고(largo)로 발품을 팔아야 보이는 여행이다. 먼저 '포토벨로' 거리로 가본다. 포토벨로가는 시간에 구애받지 않고 설렁설렁 둘러봐야 보이는 곳이다. 지하철 서클라인을 타고 '노팅 힐 게이트'역에서 내린다. 역사를 나오면 '포토벨로 마켓'이라는 이정표가 보인다. 무작정 사람들이 우르르 몰려가는 방향으로 따라가면 99퍼센트 맞는다. 노팅 힐 게이트역에서 내리는 이들의 상당수가 포토벨로 마켓을 찾는 사람들이니까.

포토벨로가는 2~3층짜리 집들이 길 양쪽으로 늘어서 있다.

포토벨로 거리.

THE GOLD
ANTIQUE CLOCKS & REPAIRS

팔레트 뚜껑을 열어놓은 것처럼 알록달록한 파스텔 톤이다. 마치 동화 속에 나오는 집들처럼 아기자기하다.

플래시백으로 90여 년 전으로 돌아가 본다. 1927년 당시 포토벨로 거리는 런던의 대표적인 빈민가였다(지금도 부유한 동네는 아니다). 카리브해 영국 식민지의 흑인들이 런던에 처음 와서 이곳에 정착했다. 무엇보다 집세가 저렴해서 맨주먹으로 시작하는 사람들이 살기에 편했다. 지금도 카리브해 출신들이 이곳에 많이 산다.

영미권 국가의 캐리비언 축제는 화려한 열정으로 유명하다. 아일랜드 출신들이 북미 대륙에서 벌이는 '성(聖) 패트릭 퍼레이드'와는 분위기가 다르다. 런던의 캐리비언 축제인 '노팅 힐 카니발'은 포토벨로 거리에서 출발했다. 1964년 시작된 노팅 힐 카니발은 매년 200만 명 이상을 불러 모으는 축제로 자리 잡았다. 안전사고를 예방하기 위해 축제가 열리는 8월 셋째 주 일요일부터 9일간 노팅 힐 게이트역은 하차 전용으로만 운영된다.

포토벨로 거리는 마켓 구역과 주거 구역으로 나뉜다. 마켓 구역으로 가려면 한적한 주택가를 지나야 한다. 많은 여행자들이 주택가를 볼 게 없다고 생각해 휙휙 지나친다.

하지만 우리는 주거 구역에서 포토벨로 22번지 집을 유심히 살펴봐야 한다. 물론 건축적으로 가치가 있는 집은 아니다. 22번지에 살았던 세입자 중의 한 사람 때문이다. 건축물의 수명은 때때로 철근과 시멘트가 아닌 공간에서 살았던 사람들의 이야기로 결정된다.

조지 오웰: 빈민가에서 작가의 꿈을 키우다

1927년 8월, 이 집의 2층에 전직 경찰관 에릭 아서 블레어(1903~1950)가 세를 들었다. 이튼 칼리지를 졸업한 블레어는 대학 진학 대신 경찰 공무원직에 지원해 대영제국의 식민지 미얀마에서 경찰 생활을 시작했지만, 5년 만에 그만둔 상태였다.

작가로 살고 싶다! 무작정 런던으로 돌아왔다. 그의 나이 스물네 살. 멀쩡한 직장을 스스로 때려치웠으니 연금 생활을 하는 부모 집에 얹혀살 수도 없었다. 5년간 모아온 월급과 퇴직금을 종잣돈으로 최대한 오래 버텨내면서 글을 쓰기로 마음먹었다.

블레어는 런던에서 가장 집세가 싼 동네를 찾았다. 그때 눈에 띈 곳이 노팅 힐이었다. 그는 생활비를 최소한으로 줄였다. 대학 문턱에도 가본 일이 없는 그는 무작정 글을 썼다. 소설을 쓰고 싶었지만 어떻게 써야 하는지를 몰랐다. 소설 쓰는 법을 배워본 일도 없고 가르쳐줄 사람도 없었다. 시평, 영화평, 정치

평을 써서 신문사 독자 투고 담당자에게 보냈다. 신문에 실리는 경우는 손에 꼽을 정도였다. 대부분은 쓰레기통으로 들어갔다.

22번지는 방세가 싸다 보니 단열이 제대로 되지 않았고 웃풍이 셌다. 그는 겨우내 손가락을 호호 불어가며 타자기를 두들겼다. 블레어는 이 집에 살면서 영구 미제 사건인 '살인마 잭'에 호기심을 느껴 사건 현장을 취재하기도 했다. 살인마 잭은 1888년 3개월간 런던에서 매춘부 다섯 명을 잔혹한 방법으로 살해해 런던을 공포에 떨게 한 인물이다. 블레어는 마치 사건을 의뢰받은 사설탐정처럼 살인 사건 현장을 답사하며 런던 경찰이 풀지 못한 실마리를 찾아보겠다고 돌아다녔다.

블레어는 노팅 힐의 이 집에서 1928년 봄까지 살았다. 그리고는 파리로 갔다. 호텔에서 접시닦이 생활을 하며 힘겹게 생활비를 벌었다. 사실상 밑바닥 생활이었다. 설상가상으로 비상금마저 도둑맞아 빈털터리가 되었다. 파리 생활을 정리하고 다시 런던으로 돌아왔지만 부랑자 신세를 면할 방법이 없었다. 부랑자와 어울려 다니면서도 혼자 있을 때는 모든 체험을 메모했다. 출판사에서 출판하자는 연락이 왔다. 이렇게 나온 첫 번째 책이 『파리와 런던의 밑바닥 생활』이다. 이때부터 블레어는 '조지 오웰'이라는 필명을 사용한다.

해가 지지 않는
영국이여

영원하라

영화 「노팅 힐」에도 살짝 비치지만 다음에 가볼 곳은 트래펄가 광장이다. 리츠호텔의 스위트룸 중 하나가 트래펄가(Trafalgar)다. 왜 최고급 호텔의 스위트룸에 트래펄가라는 지명을 붙였을까. 트래펄가 광장은 서울로 치면 광화문광장 같은 곳이다.

섬나라 영국이 해가 지지 않는 제국을 건설할 수 있었던 것은 세계의 바다를 장악했기 때문이다. 대영제국의 원동력은 세계 최강의 해군력이었다. 영국 역사상 가장 중요한 승전이 트라팔가르 해전이다.

1805년 스페인 트라팔가르곶에서 영국 함대는 나폴레옹 함대(프랑스·스페인 연합함대)와 대회전을 벌였다. 영국 함대 27척을 지휘한 이는 허레이쇼 넬슨, 나폴레옹 연합함대 33척을 이

트래펄가 광장. 런던에서 가장 자유로운 곳이다. 탑 아래에 사자상이 보인다.

끈 이는 피에르 드 빌뇌브. 넬슨 제독이 탄 기함은 빅토리아호. 긴박한 순간 빅토리아호에 발포를 명령하는 깃발이 올라갔다. 마스트 기에는 이런 문장이 적혀 있었다.

'영국은 각자가 그 의무를 다하기를 기대하고 있다(England expects everyman to do his duty).'

세계사를 바꾼 남자, 넬슨 제독

27척의 전함에서 함성이 터져 나왔다. 넬슨 제독은 단 한 척의 배도 잃지 않고 나폴레옹 연합함대를 물리쳤다. 나폴레옹은 해전 패배 이후 영국 정복의 꿈을 접고 유럽 대륙에만 관심을 쏟았다. 세계사에서 트라팔가르 승전이 중요한 것은 바로 이 때문이다. 이로써 영국은 세계의 바다를 손아귀에 틀어쥐고 마음 놓고 오대양을 휘저으며 식민지를 건설했다. 인류 역사상 가장 광대한 제국의 건설은 1805년을 기점으로 실행되었다.

런던의 한복판에 있는 트래펄가 광장은 오랜 세월 윌리엄 4세 광장으로 불렸다. 그러다가 트라팔가르 해전을 승리로 이끌고 현장에서 전사한 넬슨을 기념하기 위해 1841년에 현재와 같이 꾸며졌다. 트래펄가 광장으로 이름을 바꾸면서 높이 50미터에 이르는 넬슨탑을 중앙에 세웠고, 그 위에 넬슨 제독의 동상을 얹었다. 하지만 탑이 너무 높아 넬슨 제독을 찬찬히 감상하기가 어렵다. 넬슨 동상만 5.5미터에 달한다.

넬슨탑 기단부에는 네 개의 사자상이 동서남북을 수호한다. 왜 사자상일까? 사자는 영국 왕실의 상징 동물이다. 사자상은 그 크기가 거대하다. 게다가 1805년 해전 당시 노획한 나폴레옹 함대의 대포를 녹여서 만들었다. 아무리 옛날이야기라고는 하지만 프랑스 입장에서 보면 수치이고 굴욕이다. 사자상의 등허리는 사람들이 하도 오르내려서 반질반질하고 미끌미끌하다. 어린이는 말할 것도 없고 어른들도 올라타고 싶게끔 생겼다. 사자상 등에 올라타려면 누군가의 도움을 받아야 한다. 일단 사자상 등에 앉게 되면 묘한 기분에 휩싸인다. 말 등에 올라탔을 때와는 차원이 다른 어떤 희열이 온몸을 감싼다.

트래펄가 광장은 런던 시민은 물론 런던을 찾은 여행객들이 반드시 한 번쯤은 들르는 곳이다. 사람들이 많이 모이는 곳이니 런던에서 활동하는 거리 예술가들도 덩달아 모여든다. 어디 사람뿐인가. 주인을 따라온 반려견들도 기분이 좋아 꼬리를 흔들며 껑충껑충 뛴다.

넬슨탑 아래 광장에는 두 개의 거대한 분수에서 시원한 물을 뿜어 올린다. 풍덩 빠져 자유형으로 몇 번 스트로크를 해도 될 만한 너비다. 1931년 파리에서 빈털터리가 되어 런던으로 돌

트래펄가 광장 한가운데 서 있는 넬슨탑.

내셔널 갤러리.

아온 에릭 아서 블레어. 부랑자 아닌 부랑자가 된 그는 아침마다 진짜 부랑자들과 함께 이 광장에 나왔다. 분수 안으로 들어가 세수를 하고 발을 닦았다. 그는 부랑자들과 똑같이 행동하면서 그들의 생활 습관을 관찰하며 머릿속에 저장했다.

타임머신을 타고 1945년 5월 7일의 트래펄가 광장으로 가본다. 독일은 무조건 항복을 선언했다. 트래펄가 광장에서 화이트홀 궁전 앞까지 시민들이 깨알처럼 빼곡했다. 히틀러와 맞서 피와 땀과 눈물로 자유를 지켜낸 영국인들은 기쁨의 눈물을 흘리며 환호했다. 화이트홀 궁전 발코니에서 처칠이 국왕과 국왕 가족과 모습을 드러냈다. 윈스턴 처칠이 포효했다.

"이 전쟁의 승리는 여러분의 승리다(This is your victory)."

고유명사 트래펄가는 대영제국의 영화(榮華)를 상징한다. 아무 데나 트래펄가라는 지명을 붙이지 않는다. 런던에서 가장 중요한 광장에서부터 최고급 호텔의 스위트룸과 전통의 태번까지 그 이름을 사용한다. 영국은 런던 외에도 대도시 곳곳에 트라팔가르 승전과 넬슨 제독을 기념하는 조형물을 세워놓았다.

넬슨 제독이 바라보고 있는 곳은 영국의 국가 상징 도로인 화이트홀(Whitehall)이다. 국회의사당과 웨스트민스터 사원에서 트래펄가 광장에 이르는 길이 화이트홀이다. 도로 양옆으로는 재무부, 외교부, 다우닝가, 국방부, 해군성 등이 몰려 있다. 다우닝가 10번지는 영국 총리의 관저다. 외교부 청사와 좁은 골목길 하나를 사이에 두고 있다.

트래펄가 광장을 지그시 내려다보고 있는 건축물은 영국을 대표하는 미술관 내셔널 갤러리, 즉 런던국립미술관이다. 미켈란젤로, 다빈치, 터너, 렘브란트, 르누아르, 쇠라, 고흐, 모네와 같은, 이름만 들어도 가슴이 떨리는 화가들의 작품이 전시되어 있다. 더 놀라운 것은 2300여 점을 소장한 이곳의 입장료가 무료라는 사실! (런던의 미술관과 박물관은 입장료가 없다.)

국립미술관 앞 잔디밭은 자유의 초록 카펫이다. 잔디밭에 앉아 트래펄가 광장을 내려다보면 세상 부러울 게 없다는 느낌이 밀려온다. 자유의 기운이 사방에서 넘실거린다. 따뜻한 봄날, 이 초록 카펫에 앉아 다리를 뻗고 있으면 걱정거리는 눈 녹듯 사라지고 눈이 스르르 감긴다.

해상강국의
역사 품은

태번에서 에일 한 잔

이번에는 트래펄가 태번으로 가보자. 트래펄가 태번은 그리니치에 있다. 세계 시간의 표준이 정해진 영국왕립천문대가 있는 곳이 그리니치다. 한국은 영국보다 9시간이 빠르다고 말한다. '빠르다' 혹은 '늦다'라고 말하려면 기준이 있어야 한다. 기준, 즉 표준시가 그리니치 천문대다.

그리니치는 해상제국 영국의 역사를 보여주는 장소이기도 하다. 옛 왕립해군대학, 국립해양박물관, 세상에서 가장 빠른 범선 '커티 삭' 등이 이곳에 있다. 대영제국을 건설한 영국 해군의 정신이 서려 있는 곳이다.

이런 그리니치를 온전히 느끼고 싶다면 시티 크루즈 보트를 이용하는 방법이 최선이다. 그리니치는 웨스트민스터 나리를

↑ 트래펄가 태번 전경.
↓ 그 앞에 세워진 넬슨 제독 등신상.

기준으로 볼 때 템스강 동쪽 지역이다. '웨스트민스터 선착장 - 타워 선착장 - 그리니치 선착장'을 오가는 시티 크루즈를 이용하면 여러모로 편리하다. 그리니치 부두에서 내리면 옛 왕립해군대학, 국립해양박물관, 커티 삭 등에 걸어서 갈 수 있는 거리다.

트래펄가 태번은 템스강 변을 따라 난 길을 300여 미터 걸으면 나온다. 그 길 오른쪽에 옛 왕립해군대학과 그리니치대학이 보인다. 트래펄가 태번은 템스강 옆 3층 건물이다. 커다란 활자의 'TRAFALGAR TAVERN'이 이색적이다. 태번은 넘실거리는 템스강을 굽어보고 있는 모양새다. 대영제국의 기상이 세계로 뻗쳐 나가던 1837년에 문을 열었다.

태번 입구에는 넬슨의 등신상(等身像)이 내방객을 맞는다. 트래펄가 광장에서 우러러보던 것과는 느낌이 전혀 다르다. 등신상이어서 그런지 인간적이다. 넬슨은 영국 남자치고는 체구가 아담한 편이다. 잘린 오른쪽 팔에 자꾸만 눈길이 머문다. 바람이 불면 오른쪽 팔이 흔들릴 것만 같다. 장애인이라는 이유로 차별받지 않고 역사적인 해전을 승리로 이끈 사람, 기선에서 영웅적인 최후를 맞은 사람. 넬슨을 한번 만져보고 싶어진다. 등신상은 보는 이와 교감을 가능하게 한다. 눈높이를 맞춘다는 것이 이런 것이다. 헤르만 헤세도 고향 칼프에 등신상으로 서 있다. 헤르만 헤세는 니콜라우스 다리 위에서 오가는 이의 친구가 되어준다. 문득, 트래펄가 광장의 넬슨은 높은 곳에서 무척 외로울 것 같다는 생각이 들었다.

트래펄가 태번으로 들어간다. 손님들은 대부분 영국인, 대부분은 젊은 층이다. 천장이 높다. 벽면에는 해상강국 영국을 떠올리게 하는 사진과 그림 액자가 빼곡하게 채워져 있다. 사진과 그림은 대부분 선박이었다.

트래펄가 태번은 문을 열자마자 정부 각료들, 정계 실력자들의 단골 회동 장소로 이름을 얻기 시작했다. 이들은 웨스트민스터 부두에서 크루즈를 타고 그리니치로 왔다. 『올리버 트위스트』의 소설가 찰스 디킨스 역시 트래펄가 태번을 자주 이용한 사람이다. 180년이 넘었지만 트래펄가 태번은 세대를 이어가며 성업 중이다. 손님들은 넘실거리는 템스강의 물결을 내려다보며 에일 맥주를 목으로 꿀꺽 넘기고 있었다.

레스터 광장에
서 있는
영국인의 자부심

트래펄가 광장에서 해가 지지 않는 대영제국의 광휘를 체감했다면 이제는 영국인의 정신세계를 들여다볼 차례다. 국립미술관을 정면으로 보고 오른쪽으로 돌아 뒤편으로 걸어간다. 국립미술관 측면부에는 국립초상화미술관이 있다. 세계 최초의 초상화 전문 미술관인데, 간혹 국립미술관과 헷갈리는 사람들도 있다.

국립초상화미술관 앞길을 지나 돌아가면 극장, 영화관들이 몰려 있는 지역이 나온다. 웨스트엔드(West End)다. 영미권의 거의 모든 엔터테인먼트는 웨스트엔드가 고향이다. 이곳에서 영국인이 가장 자부심을 갖는 곳은 길구드(Gielgud) 극장이다. 셰익스피어 연극의 제1인자인 배우 겸 연출가 아서 존 길구드

도미니언 영화관. 레스터 광장을 둘러싸고 있는 영화관 중 하나다.

↑ 셰익스피어 동상. ↓ 찰리 채플린 동상.

의 이름을 딴 연극 전용 극장이다. 길구드 극장에서는 매년 「햄릿」이 무대에 올려진다.

좀 더 안쪽으로 들어가면 오데온 영화관, 도미니언 영화관 등이 광장을 빙 둘러 에워싸고 있는 곳이 나타난다. 레스터 광장이다. 종종 프리미어 시사회가 열리면 레드 카펫이 깔리고 세계의 톱스타들이 레드 카펫 위를 걷는다. 할인 티켓을 공식적으로 판매하는 티켓 창구가 눈에 띈다.

레스터 광장 근처에 과학자 아이작 뉴턴, 화가 조슈아 레이놀즈와 윌리엄 호가스가 살기도 했다. 광장 한가운데에는 작은 정원이 있다. 그곳에는 조형물이 여러 개 빙 둘러 세워져 있는데, 대부분이 세계 최초와 관련된 사람들이다. 중력의 법칙을 발견해낸 뉴턴도 있다.

비극의 황제 셰익스피어, 희극의 황제 채플린

우리가 레스터 광장에서 만나고 가야 할 인물은 두 명이다. 서로 마주 보고 있는 두 사람. 정원 중앙에서 턱을 괴고 내려다보고 있는 인물은 윌리엄 셰익스피어(1564~1616). 오른편에는 이런 문장이 적혀 있다.

'무지보다 더한 어둠은 없다(There is no darkness but ignorance).'

레스터 광장에서 서로 마주 보고 있는 셰익스피어와 찰리 채플린.

셰익스피어의 작품 『십이야(十二夜)』에 나오는 한 구절이다. 가끔 80대 노인이 뒤늦게 한글을 깨치고 기뻐하는 기사를 접하곤 한다. 글을 해독하지 못한 채 살아내야 했던 그 세상이 얼마나 캄캄했을까. '무지보다 더한 어둠은 없다'라는 셰익스피어의 말은 21세기에도 여전히 발언권을 갖는다.

왜 셰익스피어의 동상이 이곳에? 잠깐, 이 지역은 웨스트엔드다. 연극이 공연예술의 중심에 있던 시절 셰익스피어 작품은 거의 이곳에서 무대에 올려졌다(17세기식 극장을 재현한 글로브 극장은 웨스트엔드가 아닌 템스강 남쪽에 있다).

셰익스피어가 지그시 내려다보는 쪽에 자그마한 체구의 남자 동상이 세워져 있다. 대나무 지팡이를 짚고 있는 남자. 찰리 채플린(1889~1977)이다. 20세기 가장 위대한 영화인으로 평가받는 사람. 런던의 무명 배우 찰리 채플린은 미국 순회공연에 나선다. 그러던 중 우연히 할리우드 영화사 사장의 눈에 띄어 무성영화에 출연하게 된다. 두 번째 영화에서 채플린은 스스로 '떠돌이'라는 캐릭터를 창조해 스타 탄생의 팡파르를 울렸다. 그가 할리우드에 진출하기 전, 아역 배우로 시작해 13년간 배우의 기본기를 익힌 공간이 바로 웨스트엔드다. 무성영화 「시티 라이트」가 런던에서 처음 상영된 극장은 레스터 광장의 도미니언 영화관이었다.

거리의 곡예사들과 아티스트들에게 레스터 광장만 한 환경도 없으리라. 런던의 대표 극장들이 무대막처럼 둘러쳐져 있고, 셰익스피어와 채플린이 지켜보고 있는 환상적인 야외무대가 또 어디 있겠는가. 저절로 신명이 날 수밖에 없는 환경이다. 슬랩스틱 몸짓을 흉내 내는 마임리스트부터 저글링 등 다양한 묘기를 선보이는 곡예사까지. 레스터 광장은 트래펄가 광장, 코번트 가든과 함께 거리 공연의 성지로 불린다.

레스터 광장 한가운데의 정원은 비극의 황제와 희극의 황제가 서로 마주 보고 있는 구도다. 영국 런던이 아니라면 또 어디에서 이런 구도의 동상을 세울 생각을 하고, 또 세울 수 있을까. 소프트 파워(soft power)에서 영국이 여전히 세계 최강을 구가하는 것은 유구한 왕실 전통과 함께 풍부한 스토리를 간직한 인물들을 배출한 토양 때문이리라. 애거사 크리스티, 셜록 홈스, 비틀스, 퀸, 해리 포터가 영국에서 탄생한 것은 다 그럴 만한 이유가 있는 것이다. 이 세상에 바탕 없이 저절로 이뤄지는 것은 아무것도 없다.

꿈같은 하룻밤은 리츠호텔에서

런던에서 꿈같은 하룻밤을 보내고 싶다면? 두말할 것도 없이 리츠호텔이다. 리츠호텔은 런던을 대표하는 최고급 호텔이다. 물론 파리에도 리츠호텔이 있다. 방돔 광장에 있는 파리의 리츠호텔 역시 세계의 명사들이 드나드는 최고급 호텔이다. 파리의 리츠호텔은 코코 샤넬과 어니스트 헤밍웨이가 장기 투숙하던 스위트룸이 따로 있다.

런던의 리츠호텔은 피커딜리가에 면해 있다. 주소로는 피커딜리 150번지. 원형 교차로인 피커딜리 서커스와 지하철 피커딜리역에서 네 블록 거리다. 스위스의 저명한 호텔리어 세자르 리츠(Cesar Ritz)의 이름을 따서 1906년 문을 열었다. 영국 왕실이 애용하고 있으며, 유일하게 로열 워런트(royal warrant)를

리츠호텔 1층의 팜 코트. 애프터눈 티로 유명하다.

받았다.

리츠호텔은 런던 한복판인 메이페어에 위치한다. 그린 파크가 바로 뒤에 있다. 그린 파크가 내려다보이는 전망의 방이 가장 비싸다. 인테리어는 루이 16세 시대풍이다. 130개의 모든 객실이 각기 다른 인테리어로 꾸며져 있다.

영화 「노팅 힐」에서 리츠호텔은 할리우드 배우 애나 스콧이 런던에 올 때마다 묵는 호텔로 그려진다. 실제로 그렇다. 할리우드에서 대스타가 된 찰리 채플린이 고향을 떠난 지 9년 만인 1921년 금의환향했을 때 머물렀던 곳이 리츠호텔이었다. 런던을 찾은 세계의 명사들은 거의 대부분 리츠호텔에서 여장을 풀었다.

영화의 끝부분을 다시 돌려보자. 서점 주인 윌리엄 새커와 그 친구들이 애나 스콧을 만나러 호텔 프런트 데스크로 들이닥치는 장면이 나온다. 캐주얼 복장, 포토벨로 거리에서 입던 대로다. 그러나 현실의 리츠호텔은 이런 복장으로는 출입이 불가능하다. 청바지나 운동화, 샌들과 같은 차림으로는 입장할 수 없다. 런더너들은 다 아는 드레스 코드다. 구두를 신고 재킷을 걸쳐야 한다. 품위에는 어느 정도의 격식이 따른다. 리츠의 객실 요금은 335파운드(한화 약 48만 원)부터 시작한다. 방값이 부담스러울 수 있다. 그렇다면 1층 팜 코트에서 '애프터눈 티'를 마시자. 팜 코트 입구 앞에는 호텔 유니폼을 입은 직원이 버킹엄 궁전의 근위병처럼 서 있다. 왠지 옷매무새를 다듬어야 할 것 같다. 실제로 팜 코트 안으로 들어가면 파리 베르사유 궁전의 연회장에 온 것처럼 우아하고 화려한 분위기에 입이 벌어진다. 드레스 코드가 왜 필요한지 저절로 설명된다.

그다음으로 가볼 곳은 사보이호텔이다. 서울 명동에도 같은 이름의 호텔이 있다. 명동이 문화예술의 중심지이던 1960년대, 사보이호텔은 돌체 다방과 함께 작가, 예술가들이 이용하던 고급 호텔이었다.

사보이호텔은 영화 「노팅 힐」의 끝 장면에 딱 한 번 나온다. 역사로 보면 리츠호텔보다 7년 앞선다. 중세 시대 사보이 궁전이 있던 자리에 1889년 문을 열었다. 에펠탑과 나이가 같다.

사보이호텔은 피커딜리와 함께 런던의 주요 거리인 스트랜드가에 면해 있다. 한 가지 특이한 것은 호텔로 들어가는 출입구가 하나뿐이라는 사실. 반면 호텔 주변에는 '사보이'가 들어간 길 이름이 네 개나 된다. 사보이호텔 역시 영국 상류층과 세계의 명사들이 선호한다. 로열 오페라 극장이 있는 런던의 핫플레이스 코번트 가든과 트래펄가 광장을 비롯해 주요 명소를 걸어서 갈 수 있다는 장점이 있다. 노년의 윈스턴 처칠은 사보이호텔의 스위트룸을 장기간 빌려 이용했다.

도심
한복판의
자연

「노팅 힐」의 후반부에 애나 스콧의 시대극 촬영 장소로 등장하는 곳이 있다. 초록 잔디밭과 언덕 위의 하얀색 저택이 낭만적 아름다움을 연출하는 곳. 윌리엄 새커는 촬영 현장을 보지 않겠느냐는 애나 스콧의 말에 그곳에 간다. 그러나 우연히 애나 스콧이 다른 배우와 주고받는 말을 이어폰으로 듣고는 쓸쓸히 발길을 돌린다.

울울한 천연림, 런던 같지 않은 햄프스테드 히스

햄프스테드 히스! 히스는 '풀과 숲이 우거진 거친 들판'이라는 뜻이다. 이름처럼 100만 평 면적에 천연 원시림이 그대로 보

햄프스테드 중심가.

존되어 있다. 햄프스테드 히스는 전체가 자연보호구역으로 지정되었다. 그런데 트래펄가 광장에서 북쪽 방향에, 직선거리로 불과 6킬로미터밖에 떨어져 있지 않은데도 여행객들의 발길이 잘 닿지 않는다. 거리로 치면 트래펄가 광장에서 그리니치보다 가까운데도 말이다. 하지만 런던에서 숲이 우거진 전원 분위기를 만끽할 수 있다 보니 런더너들에게는 소풍 장소로 인기가 높다.

햄프스테드 히스는 「노팅 힐」 외에도 영화 로케이션 장소로 자주 등장한다. 울울한 천연림으로 인해 런던에 있으면서도 전혀 런던 같지 않은 분위기를 발산하기 때문이다.

햄프스테드 히스 북쪽 가장자리에 지어진 귀족의 저택 켄우드 하우스도 볼거리다. 저택 내부 공간 일부에 미술품을 전시한다. 켄우드 하우스 앞 잔디밭에서는 매년 여름 런던 필하모닉 오케스트라의 연주회가 열린다.

햄프스테드는 울창한 숲으로 둘러싸여 있는 쾌적한 환경 덕분에 런던 부유층이 선호하는 고급 주택지 중의 한 곳이다. 토트넘 홋스퍼의 축구선수 손흥민이 사는 곳도 햄프스테드다. 작가와 예술가들도 햄프스테드를 연모했다. 시인 존 키츠도 이곳에서 잠깐 살았다.

1930년대 중반 햄프스테드에 살던 미국인 가족이 히틀러의

조지 오웰이 점원으로 일하며 숙식을 해결했던 고서점이 지금은 빵집으로 바뀌어 성업 중이다.

런던 공습에 생명의 위협을 느껴 대서양을 건넜다. 그 가족 중에 열 살 딸이 있었는데, 훗날 배우가 되어 한 시대를 풍미한 엘리자베스 테일러다. 엘리자베스의 딕션(발음)이 정확한 것은 어려서부터 영국식 영어에 익숙해서다. 그녀가 출연한 영화를 찬찬히 보면 대사를 완벽하게 발음한다는 것을 확인할 수 있다.

조지 오웰이 『파리와 런던의 밑바닥 생활』로 작가로 막 이름을 알리기 시작할 무렵 잠시 살았던 곳도 햄프스테드에 있다. 조지 오웰은 고서점 북러버스 코너(Booklover's Corner)에서 점원으로 일하며 숙식을 해결했다. 조지 오웰에게 호감을 가진 서점 주인이 특별히 배려한 덕분이다. 신인 작가는 이 서점에서 일하며 대중이 원하는 책, 읽히는 책에 대해 깊은 고민을 하게 된다. 국철(國鐵)인 햄프스테드 히스역에서 내려 폰드가를 따라 몇 걸음만 내려가면 된다. 길옆이 더블데커 68번 종점이다. 고서점은 현재 빵집으로 바뀌어 성업 중이다.

햄프스테드나 햄프스테드 히스는 지하철로 가는 게 가장 편리하다. 햄프스테드 히스는 워낙 면적이 넓어 특별히 트레킹 준비를 하지 않으면 하루 만에 모든 지역을 둘러보는 것은 불가능하다. 눈도장 찍는 관광이 아닌 느긋하게 런던의 진수를 맛보려는 사람에게 강추하고 싶은 곳이다.

하이드 파크: 자유를 말하고 노래하는 녹지

다시 영화 「노팅 힐」로 돌아가자. 마지막 장면은 평화로운 공원이다. 공원의 특징이 잘 드러나지 않아 나의 제한된 경험으로는 장소를 특정하기가 무척 힘들다. 푹신한 잔디 위에서 기체조를 하는 한 무리의 사람도 보인다. 아이들이 어른들 사이를 뛰어다닌다. 한갓진 숲에 나무 벤치들이 군데군데 보인다.

영화는 왜 이 장면을 해피엔딩의 마지막 신으로 보여줬을까. 런던은 공원의 도시이기 때문일 것이다. 런던의 녹지 비율은 세계 주요국의 수도 중 최상위에 속한다.

우리는 뉴욕 맨해튼을 갈 때마다 센트럴 파크에 감동하곤 한다. 센트럴 파크의 한쪽 귀퉁이만 경험해도 그렇다. 이렇게 넓은 공간에 어떻게 공원을 만들 생각을 했을까. 센트럴 파크는 하이드 파크를 모방해 조성한 녹지 공간이다. 하이드 파크는 센트럴 파크의 원조다.

유럽 국가의 수도들이 자랑하는 대표 공원들은 비슷한 역사를 공유한다. 오랜 세월 왕실 전용 공간으로 쓰이다가 빠르면 17세기에, 대개는 18세기나 19세기에 일반에 개방되었다. 왕실 전용에서 대중 공용으로 재탄생한 것이다.

하이드 파크는 17세기에 일반에 공개됐다. 하이드 파크가 특히 주목받는 것은 도심 한복판에, 실로 어마어마한 규모(140

세인트 제임스 파크에서 한가로운 시간을 보내고 있는 런더너들.

하이드 파크와 켄싱턴 가든 사잇길.

만 제곱미터)를 차지하고 있기 때문이리라.

규모를 단적으로 증명하는 사례 하나. 하이드 파크를 둘러싸고 있는 지하철역이 자그마치 여섯 개나 된다. 퀸스웨이역, 랭커스터 게이트역, 마블 아치역, 하이드 파크 코너역, 나이츠브리지역, 하이스트리트 켄싱턴역. 동서로 지하철역이 세 개씩이다. 아무리 걷기를 좋아해도 준비를 잘하지 않으면 걸어서 동서를 횡단하기에는 힘들 수 있다.

하이드 파크는 서펀타인 호수를 경계로 켄싱턴 가든과 나누어진다. 먼저 하이드 파크를 둘러보자.

마블 아치역은 북쪽에, 하이드 파크 코너역은 남쪽에 각각 위치한다. 마블 아치역으로 들어가면 하이드 파크를 유명하게 만든 스피커스 코너(Speaker's Corner)가 있다. 매주 일요일 누구나 하고 싶은 이야기를 자유롭게 털어놓을 수 있는 공간이다. 표현의 자유가 보장된 곳이다. 물론 금기는 있다. 왕실과 정부 비판을 제외하고 모든 주제가 허용된다.

우리가 하이드 파크를 걷기 전에 기억하고 있어야 할 이름이 있다. 다이애나(1961~1997) 왕세자비와 피터 팬이다. 다이애나가 왕세자비 시절 살았던 집이 켄싱턴 궁전이다. 지금은 아들 윌리엄 왕자 부부가 산다. 그녀가 세상을 뜬 지 20여 년이 흘렀건만 기일이 되면 켄싱턴 궁전 정문 앞에는 조화들이 수십 개

켄싱턴 궁전. 20여 년 전 다이애나 왕세자비가 살았던 이곳에 현재는 아들 윌리엄 왕자 부부가 산다.

씩 놓인다. 그뿐이 아니다. 서펀타인 호수 근처에는 반지 모양의 다이애나 추모 연못을 조성해놓았다.

봄, 여름, 가을, 어느 방향에서든지 하이드 파크에 들어가 10분만 걸어보라. 런더너들이 한없이 부러워진다. 도심 한복판에 이런 거대한 초록 공간을 향유하고 있다는 게 얼마나 큰 축복인지를 깨닫게 된다. 지하철이나 버스만 타면 언제든지 이런 곳을 마음대로 거닐 수 있다니!

공원 안에는 직선으로 된 수십 개의 길이 교차한다. 마치 페루 나스카 라인의 축쇄를 보는 것 같다. 이런 무질서해 보이는 길들을 걷다 보면 자칫 길을 잃을지도 모른다는 두려움이 인다. 어둑해지는 저녁 무렵이라면 수십 미터를 걷는 동안 사람 한 명 마주치지 않을 수도 있다. 이런 길이 가도 가도 끝이 없다.

2018년 세계인은 영화관에서 런던 웸블리 경기장을 간접 경험했다. 영화 「보헤미안 랩소디」를 통해서다. 1985년 여름, 프레디 머큐리는 웸블리 경기장에서 열린 '라이브 에이드'에서 노래를 불렀다. 에이즈와 싸우고 있었지만 그는 죽을힘을 다해 무대에 섰고 젖 먹던 힘까지 무대 위에서 쏟아냈다.

퀸은 하이드 파크에서도 팬들을 만났다. 1976년 9월 18일, 팬에게 감사하는 뜻으로 하이드 파크에서 무료 공연을 개최한 것이다. 공원에 특설 무대가 마련됐고, 20만 명 이상이 모여들었다.

1996년 6월에는 에릭 클랩턴이 이곳에서 공연을 했다. 하이드 파크가 그런 곳이다. 런던에서 10만 명 이상이 모이는 공연을 할 수 있는 공원은 하이드 파크뿐이다. 리젠트 파크, 세인트 제임스 파크도 있지만 규모에서 하이드 파크를 따라가지 못한다.

켄싱턴 가든: 피터 팬을 낳다

지금부터는 서펜타인 호수를 지나 켄싱턴 가든으로 가본다. 서펜타인 호수는 한글의 니은(ㄴ) 자와 비슷하기도 하고, 골프 코스에서 흔히 보이는 도그레그(dog-leg) 홀을 닮았다.

하이드 파크가 17세기 대중에 개방될 당시에는 켄싱턴 가든이 없었다. 나중에 하이드 파크 서쪽의 절반 정도를 떼어 켄싱턴 가든이라고 이름 지었다.

켄싱턴 가든은 '피터 팬'을 탄생시킨 공간이다. 스코틀랜드 출신의 극작가 제임스 배리(1860~1937)는 결혼과 함께 켄싱턴 가든 근처에 살았다. 그는 반려견과 함께 켄싱턴 가든을 산책하는 것을 큰 즐거움으로 삼았다. 어느 날 우연히 제임스 배리는 공원에서 데이비스 부인과 그의 아들 네 명을 알게 된다. 아이가 없던 배리는 꼬마 네 명과 가까워지고, 아이들이 배리의 집에 놀러 오는 관계로까지 발전한다. 배리는 아이들과 어울리면서 '피터 팬'의 모티브를 얻었다.

켄싱턴 궁전 앞에는 '둥근 연못'이 있다. 이 연못에는 오리와 거위들이 서식하는데, 제임스 배리는 이 연못에서 모터보트 놀이를 하곤 했다.

2005년에 나온 영화 「네버랜드를 찾아서(Finding Neverland)」는 제임스 배리와 꼬마 친구들의 이야기를 다룬 것이다. 조니 뎁이 제임스 배리 역을 맡았고, 케이트 윈즐릿이 꼬마들의 어머니 실비아 데이비스 역을 맡았다. 영화의 상당 부분을 켄싱턴 가든에서 촬영했다.

'네버랜드'는 배리가 『피터 팬』에서 처음 등장시킨 단어다. 네버랜드에는 시계가 없다. 시계가 없으니 시간이 흐르지 않는다. 소년이 어른이 되지 않는, 늙지 않는 공간이 네버랜드다. 생전의 마이클 잭슨은 LA에 아이들의 천국을 만들면서 '네버랜드'라고 명명했다. 어른이 되어서도 여전히 어린이로 남기를 바라는 심리 현상을 '피터팬 신드롬'이라고 한다. 피터팬 증후군은 이런 배경에서 유래했다.

힘들게 켄싱턴 가든까지 왔다면 피터 팬 동상을 감상하는 것도 의미가 있다. 동상은 『피터 팬』이 대성공을 거두고 나서 세

켄싱턴 가든의 라운드 연못.

워졌다. 서펀타인 호수 옆길에 있다.

하이드 파크는 세인트 제임스 파크, 그린 파크와 가는 실처럼 연결되어 있다고 봐도 된다. 세인트 제임스 파크도 산책하기에 좋은 공원이다. 17세기에 왕실 전용 공원에서 대중에 공개됐다. 규모는 하이드 파크보다 작지만 워낙 위치가 중심가와 가까워 런더너들이 사랑하는 공간이다. 백조, 거위, 오리들이 유영하는 호숫가에서 버킹엄 궁전, 화이트홀 등이 눈에 들어온다.

주택가에 자리 잡은 작고 야무진 공원들

다시 영화 「노팅 힐」로 돌아간다. 애나 스콧이 계획에 없던 윌리엄 새커 여동생의 생일파티에 참석했다가 호텔로 돌아가는 장면을 기억할 것이다. 새커와 스콧은 런던의 밤거리를 거닐다 출입문이 굳게 잠긴 사설 정원에 몰래 들어간다. 아무도 없는 정원에서 스콧은 새커에게 키스를 하고, 두 사람은 이 정원에서 꿈결 같은 데이트를 즐긴다. 생일파티가 열린 곳이 포토벨로니까 아마도 그 정원은 노팅 힐에 있는 사설 정원일 것이다.

아직 런던을 여행해보지 않은 사람은 여기서 궁금증이 생길 수 있다. 도로변에 있는 정원인데 왜 일반인의 출입을 막는 것일까.

영국은 공원과 정원의 나라다. 정원 문화를 수출하는 나라는 세계에서 영국과 일본 두 나라뿐이다. 가까운 일본 도요타시(市)의 구라카이게 공원에도 영국 정원이 따로 있고, 샌프란시스코 금문교 공원에는 일본 정원이 한가운데를 차지한다. 퀸의 프레디 머큐리는 1975년 일본 공연을 다녀온 뒤 런던 자택 안에 일본 정원을 따로 조성했을 정도다.

런던 거리를 거닐다 보면 주택가에 직사각형 모양의 정원이 곳곳에 있는 것을 발견하게 된다. 대개 직사각형 정원을 3~4층짜리 주택들이 빙 둘러싸고 있다. 이런 정원을 자주 이용하는 것은 정원을 사계절 집 창문으로 내려다보는 주민들이다. 집 현관에서 정원까지는 단 1분도 걸리지 않는다. 엎어지면 코 닿는 거리다. 정원에서 여유를 즐기는 이들은 생활 수준을 포함해 관심사가 비슷한 이웃사촌들이다.

이런 형태의 정원 중에서 널리 알려진 것은 고든 스퀘어 정원과 태비스톡 스퀘어 정원이 아닐까. 고든 스퀘어 정원은 버지니아 울프, 존 케인스, 자일스 스트레이치 등이 참여한 블룸즈버리 그룹(Bloomsbury group)으로 인해 세상에 그 존재가 알려진 경우다. 블룸즈버리 그룹은 1906년에 작가, 경제학자, 철학가, 예술가 등이 결성한 모임으로 형식주의를 타파한 모더니스트 그룹이었다. 대영박물관 근처의 블룸즈버리에 사는 사람들

고든 스퀘어 정원. 이 정원은 '블룸즈버리 그룹'으로 인해 유명해졌다.

이 중심이 되었다고 해서 이런 이름이 붙었다.

태비스톡 스퀘어 정원은 찰스 디킨스와 버지니아 울프가 작품에 언급하면서 역시 알려졌다. 스퀘어 가든은 높이 2미터가 넘는 경계수들로 울타리가 쳐져 있어 담을 넘는 게 불가능하다. 게다가 경계수들이 워낙 촘촘해 울타리 안이 보이지 않는다. 대신 출입구가 보통 2~3개 있다.

고든 스퀘어 가든과 태비스톡 스퀘어 가든은 누구나 출입이 가능하다. 드물게 출입구가 자물쇠로 잠겨 있는 곳도 있다. 빅토리아역에서 가까운 에클스턴 스퀘어 가든은 개인 소유라는 이유로 일반에 공개되지 않는다. 애나 스콧과 윌리엄 새커는 바로 이런 사설 정원에 한밤중에 몰래 들어가 은밀한 데이트를 즐긴 것이다. 이게 런던이다.

태비스톡 스퀘어 정원.

Be

lin

베를린

SPRENGELKIEZ
MITTE
MOABIT
HANSAVIERTEL
Berliner Siegessäule
TIERGARTEN
Tiergarten
Ernst-Reuter
-Platz
Kaiser Wilhelm Gedächtniskirche
WILMERSDORF
SCHÖNEBERG
Rathaus
Schöneberg
Sachsendamm
FRIEDENAU

Mauerpark
KOLLWITZKIEZ
BERLIN
nburger Tor
Denkmal für die ermordeten Juden Europas
otsdamer Platz
Jüdisches Museum Berlin
FRIEDRICHSHAIN-KREU
ark at
sdreieck
BERGMANNKIEZ
Hasenheide park
Tempelhofer Feld

두 천사가 내려다본 인간 세상

「베를린 천사의 시(Wings of Desire)」

베를린!

베를린이 배경으로 등장하는 영화는 많지만 이상하게 나는 베를린 하면 「베를린 천사의 시」가 가장 먼저 떠오른다. 영화에 특별한 식견이 있는 마니아도 아닌데. 「베를린 천사의 시」 원제는 '윙스 오브 디자이어(Wings of Desire)'. 우리말 제목이 오히려 영화 전체의 메시지를 잘 함축하고 있다는 느낌이다.

「베를린 천사의 시」는 1987년에 나온 독일 영화다. 독일이 서독과 동독으로 나뉘어 있던 냉전 시절, 서독 감독 빔 벤더스가 서베를린에서 찍었다.

영화는 두 스토리가 중첩되어 전개된다. 그래서 난해하다는 인상을 준다. 하나는 천사 다미엘과 카시엘의 시선을 따라가다. 천상의 두 천사가 지상의 베를린으로 내려와 인간 세상을 관찰한다. 어린이들을 제외한 인간들은 천사의 존재를 인식하지 못한다. 두 천사는 서커스단의 공중곡예사 마리온을 비롯한 인간 군상의 내밀한 욕망을 가까이서 들여다본다. 그러다 다미엘은 어느 순간 영원을 사는 천사의 날개를 떼어내고 순간을 사는 욕망의 인간이 되기로 한다.

다른 하나는 우리에게는 「형사 콜롬보」로 잘 알려진 미국 배우 피터 포크가 등장하는 이야기다. 독일 출신의 미국인이 사설탐정(피터 포크 분)을 고용해 실종된 조카를 찾는다는 내용의 영화 촬영 현장을 천사 다미엘이 지켜보게 된다. 성인의 눈에는 천사가 보이지 않는데, 이상하게 사설탐정의 눈에는 다미엘이 보인다.

영화에서 오락성은 중요하다. 재미가 있다고 입소문이 나야 관객이 돈 내고 티켓을 사고, 재미가 있어야 중간에 툴툴거리며 나가지 않는다. 영화를 끝까지 봐줘야만 감독이 영화에 심어놓은 메시지(그런 게 있다면)를 받아들이지 않겠는가.

오락성의 관점에서 보자면 「베를린 천사의 시」는 외면을 받을 가능성이 높은 작품이다. 주제 자체부터 철학적인데 전체적으로 흑백 톤이다 보니 더욱 무겁게 다가온다. 찰나적인 눈요깃거리는 눈곱만큼도 없다.

그러나 끝까지 보아내는 끈기가 있다면, 그것도 최소한 두 번 이상 보는 지구력이 있다면, 영화에 대한 인상이 달라질 것이다. 왜 사람들이 '빔 벤더스'를 연호하는지 알게 된다. 또 영화 마니아들이 왜 「베를린 천사의 시」에 극찬을 아끼지 않는지를 깨닫게 된다.

영화의 주인공은 두 명의 천사다(영화 후반부에 천사 다미엘은 인간이 된다). 날개 달린 두 천사는 우울하게, 때로는 호기심 가득한 눈빛으로 인간 세상을 내려다본다.

개미 떼처럼 쉬지 않고 움직이는 인간 군상을 내려다보기에 어디가 좋을까. 높은 곳이다. 그것도 고층 아파트까지 내려다볼 수 있는 곳. 인간 세상 한복판에 있는 높은 곳이어야 한다. 어디일까. 기념탑 아니면 교회의 첨탑이다.

영화의 첫 번째 장면은 하늘이다. 구름이 흘러가는 맑은 하늘. 이 부분은 흑백 필름이지만 구름 섞인 맑은 날씨라는 것은 충분히 감지할 수 있다. 곧이어 '탑 같은 것'이 등장한다. 흑백 영화라 '탑 같은 것'은 명암의 대비만 강할 뿐 뭐가 뭔지 분간을 할 수 없다.

두꺼운 검은색 코트를 입은 남자가 탑 위에 서 있다. 천사 다미엘이다. 그의 등에 날개가 달려 있는 게 보인다. 날개 달린 천사는 그 위에서 우울한 표정으로 인간 세상을 굽어본다. 사람들은 바삐 횡단보도를 건넌다. 모두가 앞만 쳐다보며 걷는다. 누구도 하늘을 올려다볼 생각을 하지 못한다. 그때 어린 소녀가 걸음을 멈추고 '탑 같은 것' 위에 있는 천사를 발견한다. 소녀는 손가락으로 천사를 가리키지만 어른들은 소녀의 어깨를 툭툭 치며 걸음을 재촉할 뿐이다. 버스 안의 어린이들도 천사를 알아본다.

'탑 같은 것'은 분명 높기는 한데 모양이 기이하게 생겼다. 고딕 교회의 첨탑 같아 보이는데 뭔가 이상하다. 카이저 빌헬름 기념교회다.

영화 중반 부분에 이번에는 제대로 된 탑이 등장한다. 전승기념탑인 지게스조일레(Siegessäule)다. 탑 위에 황금색 여신의 동상이 있고, 주인공 다미엘 천사가 그 옆에 앉아 잠시 잠들어 있다. 기념탑 아래로 분주히 오가는 자동차들의 행렬이 보인다. 영화 끝부분에서는 천사 카시엘이 역시 전승기념탑 위에 앉아 있는 장면이 카메라에 잡힌다.

영화에서 등장인물에 의해 자주 언급되고, 실제로 보이는 장소는 포츠담 광장이다. 물론 마리엔 광장, 동물원역도 한 번씩 언급된다. 베를린 장벽은 28년 동안 포츠담 광장 한복판을 가로질러 내달리며 베를린을 동서로 갈랐다. 지저분한 낙서로 가득한 베를린 장벽은 남루하고 침울할 따름이다. 활력이라곤 찾아보기 어렵다. 흑백 필름은 생명의 윤기를 상실한 베를린 장벽 주변을 다큐멘터리처럼 보여준다. 동공을 확장시키는 화려한 장면이라곤 보이지 않는다.

"아이가 아이였을 때 질문의 연속이었다. 나는 왜 나이고 네가 아닌가. 왜 나는 여기 있으면서 저기에 있을 수 없는가." (다미엘)
"영원히 살면서 천사로 순수하게 산다는 건 참 멋진 일이야. 하지만 가끔 싫증을 느끼지. 영원한 시간 속에 떠다니느니 나의 중요함을 느끼고 싶어. 내 무게를 느끼고 현재를 느끼고 싶어. 부는 바람을 느끼며 '지금'이란 말을 하고 싶어." (다미엘)
"카페의 빈자리에 앉아 사람들에게 인사를 받고 싶어. 고개만 끄덕일지라도." (다미엘)
"여기 있는 게 얼마나 좋은지 말해주고 싶어. 시원한 걸 만지는 건 기분 좋은 일이지. 담배와 커피, 이걸 함께 하면 환상적이야. 그럼도 그래." (영화 스타)
"쓸쓸함이란 자신을 완전히 느끼는 것이니까요." (마리온)

영화는 베를린 구석구석을 보여준다. 이름을 확인할 수 없는 다리들도 여러 번 등장하고 대로와 골목도 나온다. 물론 서베를린 지역에 국한되지만.

베를린의
랜드마크

카이저 빌헬름 기념교회 앞에서

베를린으로 간다. 1990년 독일 통일 이후 유럽 도시들의 위상에 지각 변동이 일어난다. 그 중심에 베를린이 있다. 그로부터 30년. 베를린은 문화예술과 건축의 관점에서 보면 파리와 런던과 빈의 오랜 과점(寡占)을 깨고 그들과 대등하게 올라선 느낌이다. 아니, 이제는 그 정도를 넘어서 모든 게 베를린으로 쏠리는 듯한 양상이다.

20세기 유럽 도시들 중에서 베를린만큼 내상과 외상을 크게 입은 도시도 드물 것이다. 독일은 제1차 세계대전 패전국으로 천문학적인 배상금을 물어야 했다. 베를린 사람들은 그 한복판에서 사상 초유의 인플레이션에 더위 먹은 수캐처럼 헐떡거렸다.

게다가 제2차 세계대전을 일으킨 나치 히틀러의 심장부인 제3제국의 지휘부가 베를린에 있었다. 나치 독일이 전쟁을 일으킨 대가는 혹독했다. 베를린은 폐허가 되었다. 히틀러는 스스로 목숨을 끊었다. 히틀러와 함께 나치제국을 건설한 선전과 선동의 귀재 괴벨스도 자살했다. 1945년 5월 8일 나치는 항복을 선언했다.

전쟁은 그것으로 끝나지 않았다. 제3제국의 수도 베를린은 승전 4개국에 의해 분할통치를 받는 운명에 놓인다. 베를린에 가장 먼저 들어온 군대는 소련의 붉은 군대(The Red Army)였다. 이 대목은 일본이 핵폭탄 두 방을 맞고 항복을 선언한 직후 소련군이 한반도에 먼저 들어온 것과 흡사하다.

해방군을 자처하며 베를린에 들어온 붉은 군대는 식량을 비롯한 모든 것을 현지 조달했다. 그들은 베를린의 부녀자들을 무자비하게 유린했다. 강간과 약탈로 날이 새고 날이 저물었다. 처녀들은 소련군에 강제로 처녀성을 빼앗기느니 차라리 아는 독일 남자에게 허락하는 게 낫다고 생각했다.

「우먼 인 베를린」은 1945년 4월 30일부터 6월까지 두 달 동안 벌어졌던 베를린의 비극을 보여주는 영화다. 베를린의 소련군 점령 지역에서 살아남아야 했던 전직 여기자가 매일 벌어진 일을 적은 일기가 1950년 책으로 묶여 세상에 나왔다. 영화는 이 책을 바탕으로 만들어졌다.

소련군은 사병부터 장교까지 위아래 할 것 없이 돌아가면서 부녀자를 겁탈한다. 부모들은 어린 딸들을 남장시키거나 아예 지하실 깊숙한 곳에 숨긴다. 생지옥이었다.

능멸을 피할 수 없고 그렇다고 죽을 수도 없다면 인간으로서 최소한의 존엄을 지키자, 라고 여자 주인공은 생각한다. 사병에게 한 번 당한 뒤 주인공은 스스로 장교를 선택한다. 영화에 등장하는 베를린은 온통 폐허와 절망이다. 그리고 폐허의 잔해 사이를 어슬렁거리는 이리 떼의 능글거리는 눈빛과 히죽거리는 웃음소리뿐.

베를린에는 나치 독일이 일으킨 전쟁의 참상(慘狀)을 확인할 수 있는 곳이 여럿 남아 있다.

「베를린 천사의 시」 첫 장면에서 천사가 내려앉은 카이저 빌헬름 기념교회가 그곳이다. 카이저는 독일어로 황제를 뜻한다. 빌헬름 황제(1797~1888, 재위 1871~1888)는 독일에서 가장 추앙받는 황제다. 1871년 프로이센의 빌헬름 황제는 프랑스와의 전쟁을 승리로 이끌며 독일을 통일한다. 이른바 보불전쟁이다. 지리멸렬 분열되어 있던 독일을 하나로 통일한 빌헬름은 제2제국(1871~1918)을 선포한다. 유럽 대륙에서 만년 이류 국가 취급을 당하던 독일은 1871년을 기점으로 삼아 비약적인 발전을 거듭해나간다. 비스마르크 총리가 황제 곁에서 부국강병의 꿈을 도왔다.

빌헬름 황제의 손자인 빌헬름 2세는 조부의 위대한 업적을 기리는 교회를 짓기로 한다. 1895년 교회가 완공되었다. 카이저 빌헬름 기념교회. 신로마네스크 양식의 교회는 높이 113미터에 주탑을 포함해 다섯 개의 탑으로 구성되었다. 1942년까지 빌헬름 교회는 처음 모습을 그대로 유지하고 있었다.

교회는 브라이트샤이트 광장에 있다. 동서 냉전 시절에는 서베를린 지역이었다. 베를린 동물원과도 아주 가깝다. 광장 근처에 지하철역이 두 개나 있고, 버스 노선도 열 편이 넘는다. 지하철 동물원역에서 내리면 시간 절약의 장점이 있다.

독일의 영광에서 반성의 상징으로

빌헬름 기념교회는 브란덴부르크 문과 함께 베를린의 랜드마크로 자리 잡았다. 브란덴부르크 문 앞에서 100번이나 200번 버스를 타면 30분이면 충분하다. 버스 여행은 대체로 지하철보다 시간은 더 걸리지만 낯선 시가지를 눈에 익히고 지형지물을 이해하는 데 유리하다.

교회 광장 앞길 이름은 부다페스트가. 100번 버스에서 내리

베를린의 랜드마크, 브란덴부르크 문.

면 빌헬름 기념교회가 떡하니 버티고 있다. 횡단보도를 건넌다. 영화에서 소녀가 다미엘 천사를 발견했던 바로 그 횡단보도다.

날씨가 화창한 날이면 광장은 시민들로 북적댄다. 소시지와 프레첼을 파는 노점상, 버스킹하는 거리 가수, 기념교회를 보러 온 여행자, 동냥에 무심한 것 같은 거지……. 그들을 구경하는 시민들이 한데 뒤섞여 평화로운 풍경이 빚어진다.

광장에서 교회를 올려다본다. 갈색 톤의 석재에 검게 그을린 자국이 선명하다. 거무튀튀하고 지저분한 게 마치 아프리카 초원을 떠도는 하이에나처럼 보인다.

교회를 앞뒤 양옆에서 살펴본다. 폭격을 맞은 교회의 탑 부분이 꼭 벌레 먹어 썩은 이처럼 보인다. 베를린 시민들은 '충치교회'라는 별명을 붙여 참극의 현장을 절묘하게 유머로 승화시켰다.

1943년 11월 23일이었다. 연합군 폭격기가 투하한 포탄 두 발이 하필 교회에 떨어졌다. 첨탑을 떠받치고 있던 팔각형 탑 윗부분이 통째로 날아갔다. 높이 113미터 중 50미터가 뭉텅 잘려 나갔다. 교회의 외관은 첨탑이 생명인데, 그 첨탑이 부서져버린 것이다. '종군 사진기자의 전설' 로버트 카파는 1945년 폐허의 베를린을 사진으로 남겼는데, 그중에는 이 교회 사진도 있다.

제2차 세계대전 후 이 교회는 오랜 세월 부서진 상태로 내버려져 있었다. 베를린 시가지가 거의 복구되었는데도 서베를린 정부는 손을 대지 못하고 있었다. 빌헬름 기념교회를 어찌할 것인가. 다른 공공 건축물처럼 다룰 수는 없는 것이었다. 독일인의 영광이 응축된 상징적인 건축물인데.

그렇다면 어떻게 해야 하나. 1895년 처음 완공되었던 대로 복원할 것인가, 파괴된 상태로 그대로 둘 것인가, 헐어버리고 아예 새로 지을 것인가, 파괴된 부분만 개보수해서 사용할 것인가. 네 개 중 하나를 선택해야 했다.

서베를린 정부는 고심을 거듭한 끝에 결정을 내린다. 복원하지 않고 파괴된 그대로 두기로 했다. 있는 그대로의 역사를 보여주자. 빌헬름 기념교회 책임을 맡은 건축가 에곤 아이어만은 이렇게 말했다.

"다음 세대들이 끔찍한 일을 체험했던 사람들을 이해하고, 폐허가 그들이 견뎌야 했던 고통이었음을 이해할 수 있기를 희망한다."

이처럼 빌헬름 기념교회에는 나치 독일에 대한 독일인의 자성이라는 의미가 담겨 있다.

따라서 베를린에 와서 브란덴부르크 문만 보고 빌헬름 기념

폭격 맞은 모습 그대로 베를린의 정신을 오롯이 담고 있는 빌헬름 기념교회.

교회를 보지 않고 간다면 그것은 베를린에 와서 베를린의 정신을 느끼지 못한 것이나 마찬가지다. 잊지 말아야 할 것을 잊지 않겠다는 양심의 소리가 '충치 교회'다.

나는 '충치 교회'가 괴테와 니체와 훔볼트를 낳은 독일인의 지성과 맥이 통한다고 생각한다. 20세기에 히틀러라는 괴물이 잠깐 나타나긴 했지만 그건 어디까지나 돌연변이 종양에 불과하다.

흉측한 것을 당장 눈앞에 보이지 않게 하고 싶은 게 인간이다. 헐어버리는 것은 누구나 생각할 수 있는 가장 손쉬운 처방전이다. 문제는 그런다고, 당장 눈앞에서 사라진다고 해서 역사가 지워지지 않는다는 사실이다. 서베를린 정부는 흉물스러움에 반성의 의미를 입혀 빌헬름 기념교회를 부활시켰다.

1970년 12월 7일 폴란드 바르샤바 유대인 희생자 묘지. 독일 연방 총리가 묘지 화강암 제단에 무릎을 꿇었다. 누구도 예상치 못한 이 장면은 금방 전 세계로 전송되었다. 세계인은 무릎 꿇은 사진을 나치 독일이 자행한 유대인 학살을 독일인이 진심으로 사과한다는 의미로 해석했다. 그 독일 연방 총리가 빌리 브란트(1913~1992)다.

빌리 브란트는 1957년, 빌헬름 기념교회를 그대로 보존해 반성의 기념비로 만들기로 결정한 바로 그 서베를린 시장이다.

그의 진정성은 빌헬름 기념교회에서부터 발현되어 바르샤바 유대인 희생자 묘지에까지 그대로 이어졌다. 독일 통일을 이끌어낸 동방 정책은 통찰력과 진정성의 결정체였다.

독일인들은 그런 빌리 브란트를 잊지 못한다. 자랑스러워한다. 베를린, 뮌헨, 라이프치히, 프랑크푸르트를 비롯해 독일의 거의 모든 도시에 빌리 브란트 거리나 빌리 브란트 광장이 있는 까닭이다.

독일의 뿌리를 기억하라

다시 영화 「베를린 천사의 시」 속으로 들어가 본다. 천사는 인간 세상을 내려다볼 수 있는 또 다른 탑을 찾는다. 천사가 선택한 곳은 지게스조일레, 즉 전승기념탑이다.

1864년 프로이센은 덴마크와의 전쟁에서 승리한다. 대(對)덴마크 승전은 독일사에서 매우 중요하지만 1871년의 프로이센·프랑스 전쟁에 비해선 덜 알려졌다. 1864년 프로이센은 덴마크를 꺾고 그 여세를 몰아 1866년 오스트리아와의 전쟁에서도 승리한다. 덴마크전과 오스트리아전 연승의 기세가 1871년 보불전쟁 승전이라는 결실을 맺게 된다. 알퐁스 도데의 『마지막 수업』은 프로이센과의 전쟁에서 패한 프랑스의 작은 마을에서 벌어진 일을 배경으로 다룬 소설이다.

전승기념탑 지게스조일레.

전승기념탑은 베를린에서 가장 큰 공원인 티어가르텐 한가운데에 있다. 전승기념탑은 독일 통일을 이룬 2년 뒤인 1873년에 건립되었다. 베를린의 랜드마크인 브란덴부르크 문은 티어가르텐 가장자리에 위치한다. 브란덴부르크 문 뒤쪽, 티어가르텐을 향해 있는 일직선으로 뻗은 대로를 따라가면 전승기념탑이 나온다.

전승기념탑으로 가려면 버스나 지하철을 이용하는 게 편리하다. 버스는 100번, 106번, 187번을 타면 된다. 티어가르텐도 함께 감상하고 싶다면 고민할 것 없이 지하철을 타고 분데스타크역에 내리면 된다. 이정표를 따라 10여 분 걸으면 티어가르텐의 진수를 음미할 수 있다. 도심 한복판에 이런 울울한 숲이 있다는 게 믿어지지 않을 정도다. 구글맵이 없다면 자칫 길을 잃을 수도 있겠구나 하는 생각이 든다. 티어가르텐에는 괴테상과 바그너상이 놓여 있다. 서울 롯데월드타워 앞에 있는 괴테상은 바로 티어가르텐에 있는 괴테상을 복제한 것이다.

전승기념탑은 접근하기가 쉽지 않다. 베를린에서, 아니 독일에서 가장 큰 회전 교차로인 '그로세 슈테른'이 가로막고 있어서다. 이 거대한 회전 교차로는 다섯 개의 대로와 연결된다. 전승기념탑 높이는 67미터. 꼭대기에 금박을 입힌 빅토리아 여신상이 있다. 영화에 천사가 빅토리아 여신상에 기대어 잠들어 있는 모습이 잠깐 나온다. 전승기념탑은 모든 고층 탑이 그러하듯 전망대 기능도 한다.

회전 교차로에는 횡단보도가 없다. 전망대로 가려면 파리의 개선문에 접근할 때처럼 교차로 아래에 난 지하도를 이용해야 한다. 입장료는 3유로. 연중무휴라 시간에 구애받지 않아 편하다. 높이 50미터에 있는 전망대에서 베를린 시내를 조망할 수 있다. 1918년과 1945년 두 차례의 패전에도 불구하고 독일이 어떻게 독일로 다시 일어설 수 있었는지, 그 뿌리를 되새기게 하는 것이 전승기념탑이다.

회전 교차로에서 방사형으로 뻗어 나가는 다섯 개 대로 중에 우리는 '6월 17일 길(Strasse des 17. Juni)'을 기억하고 있어야 한다. 그것이 우리가 베를린을 방문한 이유를 설명해준다. 다른 도시도 아니고 전쟁과 분단을 극복한 도시 베를린을.

'6월 17일 길'은 티어가르텐을 반으로 나누며 질주한다. 베를린에서 거리 이름에 특정 날짜를 사용한 것은 이 길이 유일하다. 1953년 6월 17일 동베를린 노동자들이 자유를 요구하는 시위를 벌였다(장벽이 세워지기 전이다). 소련군과 동독 경찰이 무자비하게 진압해 노동자들이 모두 목숨을 잃었다. 베를린시 당국은 통일 후 이 사건을 잊지 말자는 취지에서 브란덴부르크 문 뒤쪽으로 난 대로에 '6월 17일 길'이라고 이름 붙였다.

론 장군이 비스마르크와 함께 서 있는 이유

힘들게 이곳에 왔다면 한 곳을 더 보고 가야 한다. 회전 교차로의 북쪽 방향이다. 전승기념탑을 바라보며 몇 개의 동상이 세워져 있다. 1858년부터 1888년까지 독일제국을 만드는 데 큰 공을 세운 영웅들이다.

독일제국의 초대 총리 오토 폰 비스마르크(1815~1898) 기념상이 단연 두드러진다. 미학적 측면에서도 살펴볼 만하다. 기단부에 놓인 조형물들은 주인공인 비스마르크를 돋보이게 하는 조연으로서 그 역할에 충실하다. 화려하면서도 기품이 있고 예술성이 뛰어나며 상징성을 잘 표현한 기념상이다. 티어가르텐의 무성한 녹음과 푸른 하늘을 배경으로 비스마르크는 왼손에 칼을 들고 전승기념탑을 응시한다.

비스마르크 기념상 옆에는 규모가 작은 다른 영웅들의 동상이 보인다. 그중에서 론(Roon) 장군 동상에 잠깐 눈길을 돌려보자. 론 장군은 비스마르크를 알아본 사람이다. 빌헬름 황제가 절체절명의 위기에 처했을 때 육군참모총장 론 장군은 황제에게 진언한다.

"프랑스 주재 프로이센 공사로 있는 비스마르크를 중용해야만 이 난국을 해결할 수 있습니다. 비스마르크를 하루라도 빨리 불러들여 총리에 임명해야 합니다. 비스마르크 외에는 난국

비스마르크 동상.

론 장군 동상. 비스마르크를 알아본 인물이다.

을 돌파할 다른 대안이 없습니다."

빌헬름 황제는 비스마르크를 총리에 임명했다. 비스마르크는 냉혹한 현실정치가였다. 그는 독일이 처한 위치와 현실을 냉정하게 파악했다. 자유주의자들의 비현실적이고 낭만적인 주장을 가차 없이 제압하고 독일 연방을 개혁하는 정책을 하나씩 밀어붙였다. 이렇게 부국강병의 토대가 만들어졌다.

비스마르크가 없었다면 독일제국은, 단언컨대 존재하지 못했을 것이다. 이상은 평화롭지만 역사는 폭력적이라는 진리를 비스마르크는 꿰뚫고 있었다. 비스마르크 기념상을 전승기념탑 옆에, 이토록 화려하고 격조 있게 만들어놓은 것은 다 그만한 이유가 있다.

2711개의 기둥으로 추모하는 홀로코스트

나는 유럽 여행을 할 때마다 홀로코스트 추모비를 찾곤 한다. 유럽 국가의 수도에는 거의 대부분 홀로코스트 추모비가 있다고 보면 된다. 그러나 베를린의 그것과 비슷한 곳은 세계 어디에도 없다. 베를린에는 유대인, 집시, 장애인에 대한 인종청소 명령을 내린 제3제국의 사령부가 있었다. 히틀러는 5년 8개월의 전쟁 기간 동안 600만 명 이상의 유대인을 강제수용소에서 '처리'했다. 유대인 학살의 실무 책임자들은 '최종 해결', '특별 취급'이라는 용어를 쓰며 아무런 죄의식을 느끼지 않았다. 이것을 정치철학가 해나 아렌트는 '악의 평범성'이라는 개념을 통해 설명한다.

홀로코스트 추모공원은 브란덴부르크 문에서 걸어서 5분

거리다. 놓치려야 놓칠 수가 없다. 영국대사관과 미국대사관을 지나면 금방이다.

2005년에 문을 연 추모공원은 티어가르텐과 길 하나를 사이에 두고 있다. 1만 9000제곱미터의 축구장만 한 크기에 회색 직사각형 기둥을 2711개 세워놓았다. 콘크리트 열주(列柱)들은 마치 비가 그친 후 숲속에서 솟아난 버섯 군락처럼 보인다. 걸음마를 떼기 시작한 어린아이만 한 기둥에서부터 시카고 불스의 마이클 조던보다도 더 큰 기둥까지 크기가 다양하다.

이곳에 오면 누구라도 직사각형 기둥 사이를 걷기 마련이다. 손으로 기둥을 쓰다듬기도 하고 자신의 키와 대보기도 한다. 꼬마들은 숨바꼭질 놀이를 하기도 한다. 바닥도 수평이 아니다. 직사각형 기둥의 높이가 제각각 다른 것처럼 바닥도 너울처럼 출렁인다. 어린아이들은 모르겠지만 어른들은 직사각형 기둥에 몸을 기대면서 그것이 회색 시멘트 관(棺) 같다는 생각을 하지 않을 수 없다.

홀로코스트 추모공원 건립 아이디어는 1980년대에 처음 나왔다. 여러 이유로 지연되다가 1994년 설계 공모가 이뤄졌다. 당선자에게는 2500만 유로의 상금이 주어졌다. 하지만 당시 콜 총리는 자신에게 올라온 최종안 두 개를 모두 거부했다. 결국 1996년 새로운 공모전이 열렸고, 미국 건축가 피터 아이젠

홀로코스트 추모공원. 2711개의 기둥은 희생된 유대인 600만 명의 인생을 상징한다.

먼의 설계안이 우승작으로 뽑혔다.

콜 총리가 집무실 책상에 놓인 설계안 두 개를 비토하지 않았다면 피터 아이젠먼의 설계는 태어나지 못했다. 상금까지 지급한 마당에 일이 복잡해지게 그럴 필요가 있나 하고 콜 총리가 그냥 사인을 했다면, 이런 역사적인 추모비는 세상에 나오지 못했다. 아닌 것은 아닌 것이라고 판단하고 'No' 할 수 있는 용기를 콜 총리는 보여준 것이다. 그것은 교양의 힘이었다.

2711개의 직사각형 기둥은 크기가 같은 게 하나도 없다. 천차만별이다. 희생된 유대인들은 나이도 다르고 강제수용소에 끌려온 시기도 각기 달랐다. 2711개의 기둥은 유대인 600만 명의 인생을 상징한다.

이곳은 꼬마들에게는 미로(迷路) 놀이를 하기에 최고의 장소다. 아직 홀로코스트를 이해하지 못하는 어린이들은 이곳에 오면 미로 찾기 놀이를 한다. 꼬마들 입장에서 보면 이만한 장소도 없겠지 싶다. 나는 무심코 꼬마들이 미로 찾기 놀이를 하는 것을 지켜보았다. 그때 문득 유대인들이 미로에 갇힌 어린아이들 신세 같았겠구나 하는 데 생각이 미쳤다. 그들의 하루 24시간은 석관(石棺) 사이를 걸어야 하는 공포 그 자체였을 것이다. 그러자 온몸에 소름이 돋았다. 피터 아이젠먼의 설계 목적이 바로 이것이었으리라. 피터 아이젠먼은 관람객들이 이곳에서 그때의 유대인들처럼 방향 감각을 잃도록 설계했다.

유대인 추모광장은 어느 시간대에 방문하는 게 가장 드라마틱할까. 건축가의 설계 의도에 충실하게 호응하는 시간은 언제일까. 기둥에 조명이 들어오기 시작하는 저녁 무렵이다. 누구라도 사각기둥 틈에서 연기처럼 피어오르는 죽음의 공포에 몸서리치지 않을 수 없다.

서베를린 시청사에
울려 퍼진 한마디

"이흐 빈 아인 베를리너!"

영화 「베를린 천사의 시」에서 베를린 장벽은 지겨울 정도로 많이 등장한다. 물론 서베를린 쪽에서 본 장벽이다. 동베를린을 점령한 소련군이 동베를린 시민과 서베를린 시민이 자유롭게 오가는 것을 막으려고 장벽을 쌓은 게 1961년이다. 베를린이 동서로 분단된 지 16년 뒤의 일이다.

영화에 등장하는 베를린 장벽은 정신 사나운 낙서들로 가득하다. 그러나 영화 끝부분에서, 그러니까 주인공 다미엘이 천사의 날개를 떼어내고 통증을 느끼는 인간 세상으로 내려온 다음부터는 어느 순간 그라피티(graffiti)로 바뀐다. 낙서가 예술로 승화된다. 영화도 흑백에서 컬러가 된다. 순간 생명력을 상실했던 장벽은 생명의 에너지로 용틀임한다.

옛 서베를린 시청사의 현관과 발코니. 현관 기둥에 케네디 관련 동판이 붙어 있다.

베를린 장벽만큼이나 '분단 베를린'을 보여주는 공간이 있다. 나는 이곳을 장벽에 결코 뒤지지 않는 분단 베를린을 보여주는 공간이라고 생각한다. 그런데 이곳은 일반 여행자들에게는 거의 알려져 있지 않다. 이유는 단순하다. 브란덴부르크 문, 포츠담 광장이 있는 중심가에서 멀리 떨어져 있기 때문이다.

1963년 6월 26일이었다. 시청 앞 광장과 도로와 골목길에는 30만 명이 넘는 사람들로 인산인해를 이뤘다. 베를린이 동서로 나뉘어 있을 때 서베를린 시청사는 현재의 쇠네베르크 시청사를 쓰고 있었다.

마흔여섯 살의 케네디 대통령은 서베를린 시장 빌리 브란트의 영접을 받으며 시청사 2층 발코니에 섰다. 케네디 대통령은 이 발코니에서 역사적인 "이흐 빈 아인 베를리너(나는 베를린 사람이다)"라는 연설을 한다. 케네디 대통령은 말이 빠르고 악센트가 강했다. 그의 연설을 들어보자.

"…… 2000년 전 가장 훌륭한 자랑거리는 '나는 로마 시민이다'였습니다. 이제 자유세계에서 가장 훌륭한 자랑거리는 '나는 베를린 시민이다(독일어)'입니다. 세상에는 자유진영과 공산진영 간의 중요한 문제가 무엇인지 이해를 못 하거나 또는 이해를 못 하겠다고 말하는 사람이 많습니다. 그들에게 베를린으로 오라고 합시다. 공산주의가 미래의 흐름이라고 말하는 사람도 있습니다. 그들에게 베를린으로 오라고 합시다. 유럽과 일부 지역에선 공산주의자와 함께 일을 도모할 수 있다고 말합니다. 그들에게 베를린으로 오라고 합시다. 공산주의는 나쁜 제도지만 그것이 경제를 발전시킨다고 말하는 이도 있습니다. 그들에게 베를린으로 오라고 합시다(독일어). 그들에게 베를린으로 오라고 합시다.

민주주의는 많은 장애물을 안고 있으며 완벽하지도 않지만, 우리는 결코 국민을 가두거나 국민이 떠나는 것을 막기 위해 벽을 쌓은 적이 없습니다. 미국 국민은 지난 18년의 역사를 여러분과 함께한 것을 영광으로 여긴다는 걸 대서양 건너 수만 마일 떨어진 곳에 살고 있는 미국 국민을 대신해 말씀드립니다. 미국인들은 심지어 먼 곳에서도 지난 18년의 이야기를 함께 나눌 수 있다는 것을 큰 영광으로 여기고 있습니다. 18년간 포위당하고도 서베를린처럼 활기차고 힘차게, 희망과 결의를 가지고 살아가는 도시는 없었습니다. 베를린 장벽이야말로 공산주의의 실패를 전 세계에 보여주는 명백하고 확실한 증거입니다. 하지만 세계가 지켜보듯, 우리는 여기에 만족하지 않습니다. 시장님 말씀처럼 가족을 뿔뿔이 흩어놓고, 남편과 아내, 형제와 자매를 갈라놓고, 함께 살고 싶어 하는 사람들을 떼어

놓는 것은 역사와 인륜에 어긋나는 일이기 때문입니다.

서베를린에서 진리인 것은 독일 전체에서도 진리이듯이, 네 명 중 한 명의 독일인이 자유인으로서의 기본권, 즉 선택의 자유를 누리지 못하는 한 유럽에서 지속적이고 진정한 평화가 이뤄질 수 없습니다. 18년간 평화와 신의를 지켜온 독일의 현세대는 자유로울 권리, 모든 사람들에 대한 선의를 가지고 평화롭게 가족과 조국을 통일할 권리를 얻었습니다. 여러분은 자유가 보호받는 섬에 살고 있습니다만, 여러분의 이러한 삶은 가장 중요한 부분입니다.

말을 맺으며 여러분께 오늘의 위험을 넘어 내일의 희망을 바라보라고 부탁드리고 싶습니다. 베를린시나 독일만의 자유를 넘어 전 세계의 자유를 바라봅시다. 베를린 장벽 너머의 정의로운 평화의 날과 나 자신과 우리들 스스로를 넘어선 전 세계 인류를 바라봅시다.

자유란 불가분의 것입니다. 단 한 명이라도 노예 상태에 있으면 모든 이가 자유롭지 못합니다. 우리는 모든 사람이 자유를 찾아 이 도시가 하나가 되고, 이 나라가 하나가 되고, 유럽 대륙이 하나가 돼 평화롭고 희망 가득한 세상에 살게 될 그날을 기대할 수 있습니다. 반드시 올, 그날이 오면 서베를린 시민들은 자신들이 20년 가까이 그 최전방에 있었다는 사실을 자

케네디 대통령(가운데)이 브란트 서베를린 시장의 안내를 받으며 걷고 있는 모습. 시청사 1110호 '존 F. 케네디 잘(Saal)'엔 1963년 6월 26일의 분위기를 전달해주는 사진 10여 점이 붙어 있다.

랑스러워할 것입니다. ……"

지금 다시 읽어봐도 명연설이다. 세계를 움직인 명연설에 케네디 대통령의 베를린 연설이 들어가는 이유가 있다.

옛 서베를린 시청사로 가보자. 지하철 '라트하우스 쇠네베르크'역에서 내리면 금방이다. 왜 서베를린시 당국은 쇠네베르크 시청사를 서베를린 시청사로 사용했을까. 당시 쇠네베르크구는 미군 관할 지역에 있었다.

시청 앞 광장의 이름은 '존 F. 케네디 광장'이다. 현관 왼편 기둥에는 케네디 대통령 얼굴 부조와 함께 역사적인 연설과 관련된 사실을 기록한 동판이 붙어 있다. 시청사로 들어간다. 2층에는 발코니와 연결된 방이 있다. 그 방은 1110호다(유럽에서는 2층을 1층, 3층을 2층으로 표기한다). 1110호에만 별도의 이름이 붙어 있다. '존 F. 케네디 잘(Saal)'이다. 그날의 분위기를 전달해주는 사진 10여 점이 상설 전시 중이다. 그날의 시간은 흘러가 버렸지만 1110호 공간은 그날의 기억을 고스란히 저장하고 있다.

2차 대전

최후의
전쟁터

포츠담 광장으로 가본다. 독일어 발음으로는 포츠다머 광장. 베를린 시내를 오가는 주요 버스 노선 전부가 포츠담 광장을 지난다고 보면 된다. 런던의 피커딜리 서커스, 뉴욕의 타임스 스퀘어 같은 곳이 포츠다머 광장이다.

제2차 세계대전 전에 유럽에서 가장 혼잡했던 곳이 포츠담 광장이었다. 그리고 1945년 4월 말, 연합군과 독일군의 최후의 대결장이 바로 포츠담 광장 일대였다. 그로 인해 포츠다머 광장은 완전히 폐허가 되었다. 게다가 베를린이 동서로 분단되어 있을 당시 포츠다머 광장 한가운데로 장벽이 세워져 이곳은 오랜 세월 황량한 공터로 방치되었다. 「베를린 천사의 시」를 보면 그 황량함의 일단이 비친다.

살날이 얼마 남지 않은 노작가가 등장한다. 노작가는 포츠다머 광장에서 보낸 아름다운 나날을 잊을 수가 없다. 버려진 공사장처럼 잡초만 무성한 포츠다머 광장을 그는 수시로 찾아와 헤맨다. 노작가의 독백을 들어보자.

"포츠담 광장의 요스트 카페에서 커피를 마시고 담소를 나눴어. 여기가 포츠담 광장일 리 없어. 전차와 마차가 다녔고, 내 차도 두 대나 있었지. 베르트하임 백화점도 있었고…… 찾을 수가 없어. 아냐, 여기일 리가 없어."

노작가는 잡초 한가운데 버려진 소파에 털썩 주저앉아 탄식한다. 어떻게 내 인생의 시간이 저장되어 있는 포츠다머 광장이 이렇게 변해버릴 수가 있다는 말인가.

1990년 독일 통일 이후에 이탈리아 건축가 렌초 피아노가 포츠다머 광장 주변의 도시 설계를 맡았다. 비슷한 높이의 대형 건물 세 동(棟)이 나름의 통일성을 유지한 채 광장을 에워싸고 있다. 포츠다머 광장에서 가장 인기 있는 곳은 소니센터다. 이곳에 베를린 영화박물관이 자리 잡고 있다.

포츠다머 광장에서 한국을 떠올리게 하는 것이 두 개 있다. 2015년에 세워진 한국식 정자 통일정(Pavillon der Einheit)이다. 규모는 크지 않지만 이국적인 디자인으로 어디서든 한눈에 띈다. 분단의 상징에서 분단을 극복한 현장으로 바뀐 곳에 마지

↑ 소니센터 ↓ 소니센터 안에 자리 잡은 영화박물관.

막 분단국가 한국이 통일을 염원하는 정자를 설치한 것이다.

베를린 여행은 버스를 이용하는 게 최상이다. 버스를 타고 포츠다머 광장을 지날 때마다 보지 않을 수 없는 가장 큰 광고탑이 삼성전자 갤럭시다. 360도 어느 방향에서나 눈에 띈다.

포츠다머 광장. 왼쪽에 포츠다머역 출입구가 보인다.

Lej

라이프치히

Leipzig Riverside Forest
ZENTRU
Zoo Leipzig
Piazza Wagne
Zum Arabischen Coffe Baum
Red Bull Arena
Ka
Thomaskirche
U
Auerbachs Keller
LEIPZI
SUDVORSTADT
SCHLEUSSIG

ABTNAUNDORF
Torgauer Str.
SELLERHAUSEN
g Hauptbahnhof
VOLKMARSDORF
us Riquet
tät Leipzig
ANGER-CROTTENDORF
REUDNITZ
THONBERG
Völkerschlachtdenkmal

JOHANN
SEBASTIAN
BACH

성 토마스 교회에서

바흐를 위해 기도하다

마르틴 루터, 요한 볼프강 폰 괴테, 프리드리히 니체, 고트홀트 레싱, 요한 제바스티안 바흐, 펠릭스 멘델스존, 리하르트 바그너…….

모두 라이프치히와 인연을 맺고 흔적을 남긴 사람들이다.

괴테 한 사람만으로 벅찬데 라이프치히는 바흐까지 품었다. 라이프치히 안단테 여행은 사실 이들만 가지고도 충분히 의미가 있다. 종교개혁의 지도자 마르틴 루터(1483~1546)도 젊은 시절 이곳에서 잠깐 지냈다. 라이프치히 구시가는 빈 구시가처럼 환상도로가 감싼다. 그중 한 구간의 이름이 '마르틴 루터 링'이다.

리하르트 바그너는 1813년 라이프치히 구시가 한복판에 태성 토마스 교회 전경.

를 묻었다. 브륄가 3번지 생가터에는 출생지를 알리는 명판이 붙어 있다. 바그너는 구시가에 있는 니콜라이학교를 거쳐 라이프치히대학을 다녔다. 생가 근처에는 그의 이름을 딴 광장과 레스토랑이 있다.

라이프치히 음악 여행에서 성 토마스 교회는 매우 중요한 위치를 차지한다. 바흐(1685~1750)와 떼려야 뗄 수 없는 인연을 맺은 공간이고, 바그너가 여기서 세례를 받았다.

27년을 성실하게 복무한 음악가

작곡가 바흐는 이곳에서 평생을 오르간 연주자로 근무하며 생계를 꾸렸다. 음악가의 유전자를 받은 갓난아기 바그너가 바흐의 숨결이 고스란히 배어 있는 성 토마스 교회에서 세례를 받았다는 사실은, 우연이지만 흥미롭기만 하다.

바흐 마니아에게 성지(聖地)와 같은 성 토마스 교회로 가보자. 바그너 생가터가 있는 리하르트 바그너 광장에서 남쪽으로 10분이면 충분하다.

교회는 웅장하지는 않지만 그렇다고 초라하지도 않은 규모다. 밖에서 볼 때도 위압적이지 않은데 안으로 들어가면 더 마음이 편안해진다.

성 토마스 교회 내부.

바흐와 라이프치히의 만남은 운명적이다. 바흐는 튀링겐주 아이제나흐 태생이다. 라이프치히와 아무런 연고가 없다. 그런데 라이프치히로 왔다.

1723년 바흐는 성 토마스 교회의 음악 책임자인 칸토르(Kantor)에 임명된다. 이후 1750년 눈을 감을 때까지 장장 27년간 이곳에서 '복무'했다.

왜 '근무'가 아니고 '복무'일까. 13개 조항으로 이뤄진 칸토르 계약서에 그 답이 있다. 그중 3개의 조항을 보면 바흐가 27년간 이곳에서 일하면서 얼마나 힘들었을지 미뤄 짐작하고도 남는다.

'성실한 생활과 행동으로 학생들에게 모범을 보이며, 열성적으로 학교 업무에 임하여 학생 지도를 충실히 한다.' '의회의 이름을 걸고 학교 책임자와 검열관에게 복종한다.' '교회의 불필요한 지출을 줄이기 위해 학생들에게 성악뿐 아니라 기악도 열성적으로 가르친다.'

교회 출입구는 두 곳이다. 입구 앞 작은 광장에는 바흐의 동상이 있다. 바흐의 눈길이 머무는 곳을 따라가면 바흐 박물관이 보인다. 원래는 바흐의 친구 보제가 살았던 집이다. 예배당 뒤쪽으로 난 출입문을 열고 안으로 들어간다. 평일 낮 시간인데도 대여섯 명이 기도를 하고 있다. 장의자에 앉아 두 손을 깍지 꼈다. 닳을 대로 닳아 반질반질해진 목제 장의자는 오래전부터 다닌 교회 같은 편안함과 안도감을 준다. 묵도를 하지 않을 수 없다. 성 토마스 교회와 바흐에 대한 최소한의 예의라고 생각해서다.

성 토마스 교회에서 바흐를 느끼는 방법은 세 가지다. 먼저 교회 정면 제단 쪽으로 간다. 구운 벽돌이 깔린 바닥에 동(銅)으로 제작한 표지판이 보인다. 구리판 아래에 바흐의 유골이 안치되어 있다. 이곳에는 언제나 꽃이 가지런히 놓여 있어 그냥 지나치기도 힘들다. 특별한 경우가 아니라면 2~3미터 앞에서 차분하게 묘지를 감상할 수 있다. 바흐의 유해는 다른 곳에 있다가 1950년 이곳으로 이장됐다.

두 번째는 스테인드글라스를 통해 바흐를 느끼는 방법이다. 성 토마스 교회의 스테인드글라스에는 바흐와 멘델스존의 초상이 보인다. 바흐야 당연하지만 왜 작곡가 멘델스존의 초상이 이곳 스테인드글라스에?

멘델스존 덕분에 사후 부활

예술적 천재가 대부분 그랬던 것처럼 바흐의 말년도 불운의 연속이었다. 수술이 잘못돼 시력을 잃고 생애 후반을 암흑 속에

성 토마스 교회 중앙 세단 아래에 비흐의 묘지가 있다

서 지내야 했다. 그러다 1750년 7월 28일 숨을 거둔다. 모차르트가 빈에서 제대로 인정받지 못했던 것처럼 바흐도 라이프치히에서 푸대접을 받았다. 평범한 사람들은 천재를 알아보지 못한다. 앞서 소개한 계약서에서 엿볼 수 있는 것처럼 음악가는 종교권력에 복종해야 하는 한낱 직원에 불과했다. 모차르트가 잘츠부르크에서 그랬던 것처럼.

멘델스존(1809~1847)은 바흐가 눈을 감은 지 59년이 지난 뒤에 세상 빛을 본 사람이다. 멘델스존이 1835년 라이프치히에 오면서 망각의 강물에 떠내려간 바흐 음악이 비로소 재조명되었다. 멘델스존은 바흐가 작곡한 오라토리오와 오르간 음악을 연주하면서 죽어 있던 바흐 음악을 부활시켰다.

비범한 사람은 알아보고 인정해주는 사람이 있을 때 비로소 천재로 꽃을 피우게 되는 것이다. 비록 사후였지만 멘델스존은 바흐를 알아본 백낙(伯樂)이었다.

자선 음악회를 통해 기금을 모아 바흐 동상을 세운 사람도 멘델스존이었다. 이 사실을 알고 보면 왜 스테인드글라스에 바흐와 멘델스존을 나란히 배치했는지 고개를 끄덕이게 된다.

마지막은 교회 안쪽에 있는 미니 바흐 박물관이다. 바흐의 음악이 흐르는 작은 방에는 바흐의 체취를 느낄 수 있는 물건들을 전시한다. 바흐가 사용했던 펜을 비롯한 문방구와 악보들이 유리상자 속에 있다.

진정한 바흐 마니아라면 여기에 한 가지를 더 추가한다. 바흐는 27년간 이 교회의 오르간 연주자였다는 사실을 상기하자. 성 토마스 교회는 두 대의 오르간을 양편에 각각 한 대씩 배치하였다. 당연히 성가대도 양쪽에 있다. 따라서 청중은 성가대가 노래를 주거니 받거니 하는 것을 감상할 수 있다. 여름철을 제외한 매주 금요일과 토요일에 실제로 합창단 공연이 펼쳐진다.

라이프치히대학을 다녔던 괴테는 바흐의 음악에 대해 이런 평을 남겼다.

"마치 영원의 화음이 자신과 속삭이는 듯하며, 천지 창조를 앞둔 조물주의 가슴속에서 울려 나오는 듯한 절묘한 화음이 탄생한다."

『오리엔탈리즘』, 『프로이트와 비유럽인』의 저자 에드워드 사이드는 문명비평가로 유명하다. 동시에 그는 피아니스트이면서 음악비평가였다. 바흐 마니아였던 그는 백혈병 치료를 받는 힘겨운 과정에서도 바흐의 오르간 작품 전곡을 감상하기 위해 뉴욕의 공연장을 찾았다. 사이드는 이런 음악비평을 남기기도 했다.

"바흐의 오르간 작품은 지금까지 위대한 작곡가 중 가장 근면한 삶을 살았던 바흐가 쏟았던 어마어마한 수고의 핵심을 차지해야 마땅하다는 것이 내 생각이다."

괴테, 니체,
바그너가 선택한
라이프치히대학

성 토마스 교회 다음으로 가볼 곳은 라이프치히대학이다. 괴테, 니체, 레싱, 바그너가 모두 라이프치히대학을 다녔다. 어떻게 철학과 사상, 문학과 음악에서 눈부신 업적을 남긴 이들이 모두 라이프치히대학과 인연을 맺었을까. 괴테는 몸이 아파 다니다 말았지만 그래도 라이프치히대학 출신으로 여겨진다.

여기서 궁금증이 생긴다. 프랑크푸르트 출신인 괴테(1749~1832)는 왜 멀고 먼 라이프치히대학을 선택했을까? 프랑크푸르트에서 라이프치히까지는 대략 서울-부산의 거리. 마차가 유일한 교통수단이던 당시에 428킬로미터는 감히 엄두도 내지 못하던 까마득한 거리였다. 현재도 고속열차인 이체(ICE)를 타야 3시간 반이 걸린다.

라이프치히대학. 1409년에 세워졌지만, 1968년 동독 공산당이 고색창연한 건물을 부쉬버리고 다시 지었다.

1760년대 독일의 상황을 살펴보자. 독일이 통일국가를 형성한 것은 빌헬름 황제 치하인 1871년이다. 그전까지 독일은 느슨한 연방국가로 지리멸렬한 상태였다. '30년 전쟁'을 들어보았을 것이다. '30년 전쟁'은 신교와 구교 간의 전쟁이다. 그 전쟁터가 독일이었다. 전쟁은 신교의 승리로 끝났고, 베스트팔렌 조약으로 네덜란드와 스위스가 각각 독립해 비로소 세계 지도에 이름을 드러내게 된다.

이 '30년 전쟁'은 독일 연방에 어떤 영향을 미쳤을까. 독일 연방의 영토가 쪼그라들었다. 라인강 서쪽의 알자스 지방이 프랑스에 귀속되었다. 전쟁 이후 프랑스는 오스트리아와 함께 유럽 대륙 최강자로 군림하게 된다. 독일은 프랑크푸르트를 기준으로 북쪽은 신교인 루터교, 남쪽은 가톨릭의 지배에 들어갔다. 프랑크푸르트는 사실상 프랑스 영향권에 들어갔다.

괴테가 대학에 진학할 무렵, 독일 연방에서 가장 번성한 도시는 라이프치히였다. 베를린은 브란덴부르크 공국의 수도로 이제 막 커져가는 중이었다. 아직은 북쪽 변방의 작은 도시에 불과했다.

라이프치히는 달랐다. 라이프치히는 로마제국 시절부터 교역로의 교차점으로 무역이 발달했다. 이미 16세기에 최초의 무역박람회가 열렸고, 그 영향으로 지금도 전시회의 전통이 남아 있다.

라이프치히는 대학의 도시이기도 했다. 1409년에 세워진 라이프치히대학이 구시가 한복판에 있었다. 역사는 하이델베르크대학(1386년)에 뒤지지만 튀빙겐대학(1477년)보다는 훨씬 오래되었다. 이에 반해 프랑크푸르트에는 대학이 없었다.

부유한 교양인이었던 아버지는 10대 아들의 눈높이와는 세상을 보는 눈이 달랐다. 아버지는 독일 연방에서 최고의 대학인 라이프치히대학으로 가는 게 옳다고 생각했다. 아들의 장래를 위해선 상업과 지성과 예술의 중심지인 라이프치히로 가야 한다고 믿었다. 아버지의 판단은 옳았다. 한 가지 특기할 만한 점은 라이프치히는 인쇄업이 발달해 독일 연방에서 가장 많은 출판물이 발행되었다는 사실이다. 최초의 신문도 라이프치히에서 발행되었다. 그 중심에 라이프치히대학이 있었다.

라이프치히대학은 중앙역에서 걸어서 10분 거리에 있다. 그러나 라이프치히대학 건물은 전통과 역사에 비추어 크게 동떨어진 느낌을 준다. 크게 실망하는 사람도 있을 수 있겠다. 라이프치히는 1945년부터 1989년까지 동독(DDR) 땅이었다. 그 당시 라이프치히대학의 이름은 '카를 마르크스 대학'이었다. 고색창연한 대학 건물을 1968년 동독 공산당이 부숴버리고 현재와 같은 건물로 다시 지었다. 참으로 이해하기 힘든 처사가 아닐 수 없다. 대학 구내로 들어가면 괴테와 레싱의 두상이 한쪽 공간에 놓여 있다.

라이프치히에선

어디서
뭘 먹지?

춤 카페 바움: 유럽에서 두 번째로 오래된 카페

성 토마스 교회와 라이프치히대학을 둘러보고 나면 다리가 뻐근해지고 목이 마른다. 커피 한 잔과 함께 달콤한 케이크 한 조각으로 에너지를 보충해야 할 때다.

어디서 마셔야 좋은가. 같은 값이면 유서 깊은 도시에 어울리는 장소를 찾아가야 한다. 급하다고 보이는 대로 아무 데나 들어가면 곤란하다.

먼저 '춤 카페 바움(Zum Arabischen Coffe Baum)'이다. 춤 카페 바움은 카페 레스토랑이다. 1층은 레스토랑이고 3층은 카페다. 바움은 나무라는 뜻이다. 마르크트 광장에서 아주 가깝다.

이곳은 1566년에 문을 열었다. 역사로 보면 유럽에서 두 번

춤 카페 바움 전경.

춤 카페 바움

째로 오래된 카페다. 임진왜란이 일어난 해보다도 더 오래된 카페를 오감으로 느껴본다는 것은 결코 가벼운 경험이 아니다. 떨리는 가슴을 애써 진정하고 문을 열고 안으로 들어간다.

왼쪽에 식당이 보인다. 30여 명이 앉아 식사를 할 수 있는 공간이다. 이곳의 역사를 보여주는 것은 벽면에 걸린 초상화 액자들이다. 단골손님들이다. 말러, 슈만, 쇼팽, 바그너…….

나무 계단을 통해 3층으로 간다. '삐거덕, 삐거덕.' 이 소리가 처음 이곳을 찾는 이들의 발걸음을 조심스럽게 만든다. 2층은 유럽 커피 박물관. 1566년에 개업한 카페에 가장 잘 어울리는 공간이다. 이 카페의 존재 자체가 커피 역사가 아닌가. 오래된 건물이라 그런지 층간이 높다. 여행객은 계단을 오르면서 힘들게 느껴질 수도 있다. 그러거나 말거나 여행객들의 발걸음이 끊이질 않는다. 3층은 언제나 손님들로 북적거린다. 오붓한 분위기를 즐기려는 사람들은 들이닥치는 손님들과 뛰어다니다시피 하는 종업원들로 인해 조금 불편하게 생각할지도 모르겠다(최근 3층 카페는 문을 닫고 커피 박물관으로 개조 중이다).

카페 리케: 가장 게르만적인 도시에 동양 분위기라니

여행객들이 모르는, 신씨 라이프치히 시민들이 가는 곳은 어디일까. 카페 리케(Riquet)다. 니콜라이 교회 건너편에 있어 찾기 도 쉽다. 리케는 코끼리 조형물로 유명하다. 외벽에 코끼리 두 상 조각을 붙여놓았다. 누구라도 한 번쯤 시선을 빼앗기지 않을 수 없다. 카페 리케는 춤 카페 바움에 비하면 역사가 짧다. 1908년에 문을 열었으니 겨우 100년을 넘겼을 뿐이다. 안으로 들어가면 온통 코끼리다. 벽면 액자에도 메뉴판에도 코끼리 그림이다.

1908년이면 독일이 통일을 이룬 지 37년이 지난 시점, 제국을 선포한 독일이 만년 이류 국가에서 개혁을 통해 유럽의 강대국으로 부상한 시점이다. 리케의 콘셉트는 비엔나 카페다. 여기에 중국과 인도 문명에 감명을 받은 주인이 동양풍을 가미했다. 가장 게르만적인 도시 라이프치히에서 동양 분위기를 맛본다는 것은 색다른 즐거움이다. 실내는 빈티지와 함께 격조가 느껴진다. 춤 카페 바움 같은 번잡함도 없다.

출입구에 신문 몇 개를 철해 두었다. 유럽 카페들의 오랜 전통이지만 무엇보다 라이프치히가 최초의 신문이 발행된 도시라는 점을 상기시킨다. 천장도 높고 의자도 푹신해서 느긋하게 커피를 마시기에 좋다. 무엇보다 두 개 면이 통유리로 되어 있어 시야가 시원하다. 창밖을 보며 멍때리거나 지나다니는 사람을 구경하기에 딱이다. 니콜라이 교회 한쪽 귀퉁이가 살짝 보

RIQUET
RIQUET & CO. A.G.

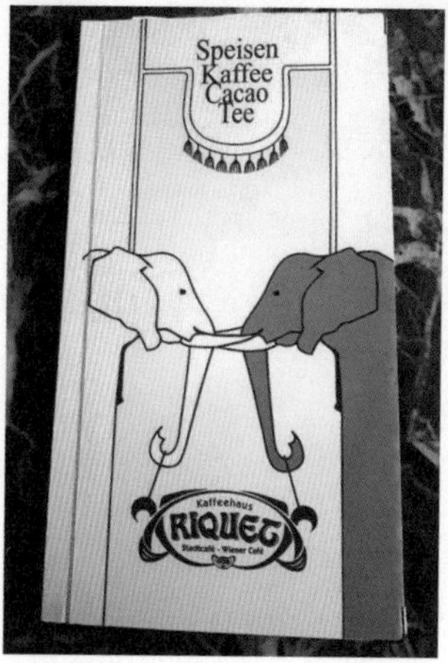
Speisen
Kaffee
Cacao
Tee
Kaffeehaus
RIQUET

↑ 카페 리케 전경. ↓ 메뉴판.

인다. 카페 주인이 얼마나 동양적인 것에 취해 있었는지는 카페를 나와 길 건너에서 옥상을 쳐다보면 실감 난다. 중국풍 정자가 어색하게 얹혀 있다. 부조화의 극치다. 한편으로는 리케 창업자의 순수한 열정이 느껴진다.

아우어바흐 켈러: 괴테가 불멸의 미슐랭 마크를 붙여주다

라이프치히에서 저녁 한 끼를 해결해야 한다면 어디로 가야 할까? 고민할 것도 없이 '아우어바흐 켈러(Auerbach Keller)'다. 켈러는 독일어로 '지하실, 창고'라는 뜻이다. 독일의 도시들에는 이렇게 '○○○ 켈러'가 들어간 식당이 많다. 큰돈을 번 의사가 식당을 열면서 고향 지명(아우어바흐)을 붙였다.

옛 증권거래소 앞에 괴테 동상이 보인다. 괴테의 눈길을 따라가면 쇼핑몰인 매들러 파사지가 나온다. 아우어바흐 켈러는 쇼핑몰인 매들러 파사지 초입에 있다.

아우어바흐 켈러는 1525년에 문을 열었다. 500년에 가까운 세월을 살아남았다. 웬만한 왕조보다도 더 장구한 시간이다. 그 세월 동안 명맥을 유지했다는 것이 경이롭다. 이곳은 독일의 10대 레스토랑에 속한다. 아우어바흐 식당에 녹아 스며든 스토리텔링 덕분이다.

아우어바흐 켈러 내부.

대학생 괴테는 아우어바흐 켈러를 드나들며 전설적인 실존 인물 파우스트에 관한 이야기를 들었다. 그리고 말년에 완성한 필생의 대작인 『파우스트』에서 이 식당을 살짝 등장시킨다. 대문호가 식당에 불멸의 미슐랭 인증 마크를 붙여준 셈이다.

건축물의 수명은 무엇이 결정하는가. 철근과 슬래브와 콘크리트인가? 철근과 콘크리트로 건축물은 지상에 서 있을 수 있겠지만 여기에 생명을 불어넣는 것은 그 공간을 거쳐 간 사람들이 만들어낸 스토리텔링이다.

아우어바흐 켈러의 천장과 벽면에는 온통 파우스트 이야기가 덕지덕지 붙어 있다. 어디에 시선을 던져도 파우스트가 들어온다. 마치 작품 『파우스트』 속에 들어와 있는 것 같다. 한쪽 벽면에 파우스트와 관련된 벽화 한 점이 보인다. 그 밑에 이런 문장이 적혀 있다.

"이 어둠 속에 이렇게 별이 밝게 빛나는데 어찌 나쁜 짓을 하겠는가."

이 식당이 단지 스토리텔링만으로 독일의 10대 레스토랑에 뽑혔을까. 아우어바흐 켈러는 밥을 먹는 식당이다. 무엇보다 음식이 맛있어야 한다. 메뉴 중 어느 것을 선택해도 크게 실망하지 않는다.

아우어바흐 켈러 입구의 '파우스트' 기념상.

보기 전까지는
결코
믿을 수 없는 경험

실제 직접 눈으로 보면 사진으로 본 것만 못한 경우가 더러 있다. 사진작가가 첨단의 디지털 테크닉을 총동원해 피사체를 실제보다 더 크고, 더 멋지고, 더 화려하게 찍어낸 결과다.

반대의 경우도 있다. 현장에서 직접 보니 사진에서 전혀 느낄 수 없었던 것을 맛보는 경우다. 카메라의 어떤 렌즈도 실제 모습을 담아내지 못한 결과다. 누구나 여행을 하다 보면 이런 경험을 한두 번씩은 하게 된다. 라이프치히 전승기념비가 바로 후자(後者)에 해당한다.

라이프치히에는 세계사에 기록되는 전투 현장이 있다. 1813년 10월 16일부터 19일까지 나흘간 벌어진 전투다. 여기서 나폴레옹 군대와 프로이센·오스트리아·러시아 연합군은 모두 8

만~11만 명을 잃었다. 나폴레옹군은 4만 5000명이 전사했다. 얼핏 양측이 비슷한 전사자를 냈다고도 볼 수 있다. 그러나 라이프치히에 집결한 양측의 군대 수를 비교해보면 생각이 달라진다. 나폴레옹군은 22만 5000명, 연합군은 38만 명이었다. 나폴레옹 군대는 불과 나흘 만에 병력의 20퍼센트 이상을 잃었다. 대패였다. 그 여파로 1814년 나폴레옹은 권좌에서 쫓겨나 엘바섬에 유배된다. 1813년 10월 라이프치히 전투는 나폴레옹 시대의 종언이었다. 이에 앞선 1812년 겨울에도 나폴레옹은 참담한 패배를 당했다. 60만 대군을 이끌고 러시아 원정을 떠났다가 2만여 명만이 살아 돌아온 것이다.

복싱에 비유하자면, 나폴레옹은 러시아 원정에서 얕잡아 보던 적군에게 다리가 휘청거릴 만한 강펀치를 맞았다. 쓰라린 패배였다. 하지만 결정타는 아니었다. 훗날을 기약할 수가 있었다. 훗날을 도모한 전투가 바로 10개월 뒤 라이프치히에서 치러졌고, 나폴레옹은 여기서 결정타를 맞는다. 이렇게 나폴레옹 시대는 막을 내렸다.

라이프치히 전투가 세계사에 기록된 이유

전쟁의 천재 나폴레옹은 왜 라이프치히 전투에서 힘 한 번 쓰지 못한 채 무릎을 꿇고 말았을까. 이미 많은 전쟁사 연구자들이 결론을 내렸다. 반나폴레옹 연합군의 38만 병력은 결정적 요인이 아니었다. 러시아 원정 직전까지 나폴레옹은 언제나 적군의 압도적인 병력을 천재적인 전략·전술로 깨부수면서 승리를 일궈온 사람이다.

나폴레옹군은 전투 첫날인 10월 16일만 반짝했을 뿐 10월 17일부터 시종 밀렸다. 연합군의 주력(主力)은 프로이센군이었다. 연합군은 나폴레옹이 직접 지휘하는 주력 부대와는 철저하게 대결을 회피하는 전략으로 일관했다. 대신 다른 장군들이 지휘하는 부대를 하나씩 격파해나가면서 나폴레옹군을 완전히 포위하는 데 성공한다. 나폴레옹이 라이프치히 원정에 나서며 재소집한 병력에는 10대가 압도적으로 많았다. 경험이 풍부한 전투병이 부족한 상황도 나폴레옹 군대에 불리하게 작용했다.

1813년의 전투 현장은 라이프치히 외곽의 들녘이었다. 현재 이곳은 라이프치히 시내로 편입되었다. 그 역사적인 현장에는 전승기념비가 세워져 있다.

라이프치히 중앙역 광장 건너편에서 15번 전차를 타면 전승기념비를 지난다. 주소로는 '10월 18일 길' 100번지다. 독일 정부가 1813년 라이프치히 전투를 어떻게 생각하는지가 '10월

수많은 화강암 조각으로 이뤄진 전승기념비.

18일 길'이라는 도로명에 고스란히 드러난다. 전차는 정확히 15분 만에 푈커슐라흐트뎅크말 정거장에 선다. 전차로 15분 거리인 이곳이 200년 전에는 얼마나 걸렸을까.

전차에서 내리면 전승기념공원으로 가는 길이 보인다. 여행 안내서에는 전승기념비가 91미터 높이에 피라미드 형상이라고 기술되어 있지만 사진으로는 91미터라는 위용이 전혀 느껴지지 않는다. 전승기념비가 가까워지면서 서서히 기념비의 실체가 폐부로 파고든다.

기념비 앞에 섰다. 입이 다물어지지 않았다. 베를린의 티어가르텐에 있는 전승기념탑과는 비교가 되지 않았다. 백문이 불여일견이라는 말은 바로 이런 경우에 쓰는 말이다. 기념비는 바닥부터 꼭대기까지가 수많은 화강암 조각으로 이뤄져 있었다. 꼭대기 부분, 돔 아래에는 12명의 군인상(像)이 빙 둘러 있다.

기념비를 본격적으로 건설하기 시작한 것은 1898년. 라이프치히 전투 100주년이 되던 1913년에 완공됐다. 1913년이면, 324미터의 에펠탑이 세워진 지 24년 뒤의 일이다.

매표소에서 8유로 입장권을 산 뒤 기념비 입구 쪽으로 갔다. 표를 받는 곳은 계단을 올라가야 나온다. 계단을 오르는데 가파른 경사로 인해 다리가 후들거렸고 아찔했다. 철제 난간을 잡지 않을 수 없다. 136개의 계단을 조심스럽게 올라가면 입구가 나온다.

기념비 관람의 하이라이트는 크립트(crypt)다. 크립트는 보통 교회나 성당의 지하 공간을 의미하기도 하고, 탑의 2층을 뜻하기도 한다. 크립트에는 장엄한 음악이 흐르고 있었다. 레퀴엠처럼 들렸다. 구스타브 홀스트의 「플라네」라고 직원이 알려준다.

벽면의 전시실에 탁상시계가 붙어 있는 화려한 목조 책상이 보였다. 안내판을 보니 나폴레옹 책상이라고 적혀 있다. 전쟁터에서도 진중(陣中) 도서관을 운영하며 책을 읽었던 황제의 실체를 이렇게 만나게 될 줄이야!

이 책상은 나폴레옹이 전투를 준비하며 라이프치히에 사는 귀족의 책상을 징발한 것이다. 안내문 맨 아래에 '이 책상은 인류 역사상 가장 큰 전투의 패배를 가져온 명령을 내린 책상이다'라는 글귀가 적혀 있다. 나흘 동안 나폴레옹의 고뇌와 결단을 지켜보았던 책상! 1813년 10월 그날의 피비린내 나는 전투가 비로소 가상현실(VR)로 눈앞에 떠오르는 듯했다.

크립트를 천천히 둘러보았다. 비통한 표정의 거대한 석조 마스크 8개가 원형을 이루고 있고, 각각의 마스크 앞에는 2명의 군인이 고개를 숙인 채 서 있다. 가운데에 근조 화환이 놓여 있는 게 보였다. 높이가 6미터에 달하는 거대한 마스크는 하나같이 눈을 거의 감거나 반쯤 감고 있다. 막 영면에 들어간 망자(亡

↑ 나폴레옹 책상. ↓ 석조 마스크.

者)의 얼굴 같다. 마스크를 호위하는 병사들은 모두 고개를 숙인 채 입술을 앙다물고 있다. 화강암 호위병들은 오열하고 있는 것 같았다. 그들의 표정에서 비로소 나는 이 들판에서 죽어간 병사들의 숫자를 까마득히 잊고 있었다는 사실을 깨달았다. 불과 나흘 동안에 10만 명이 전사했다는 참혹한 상황을.

돔을 올려다보았다. 햇빛이 쏟아져 들어오는 돔 정중앙을 향해 동심원 10여 개가 그려져 있었고, 동심원과 동심원 사이의 공간에는 말을 탄 기병들이 일렬로 행진하는 그림이 그려져 있었다. 이 기병들은 크립트에서 보았던 사람들과는 달리 당당하다. 전쟁에서 이긴 뒤 영예롭게 귀향하는 모습이다. 기병들은 모두 324명으로 실물 크기다. 아래에서 올려다봐서는 기병의 실제 크기가 전달되지 않는다.

전승기념비를 안팎으로 살펴보면서 터져 나오는 탄성을 참을 수가 없었다. 그러면서도 한편으로는 솔직히 의아했다. 독일제국이 이렇게까지 거대한 기념비를 세워야 했을까.

라이프치히의 전승기념비는 규모 면에서 트래펄가 넬슨탑과 비교도 되지 않는다. 비로소, 알 것만 같았다. 1806년 신성로마제국을 무너뜨리고 독일 연방을 점령한 이가 나폴레옹이었다. 독일 입장에서 보면 나폴레옹이 그만큼 무시무시하고 두려운 존재였다는 뜻이 아니겠는가. 그 나폴레옹을 쓰러뜨리는 데 독일인 수만 명이 피를 흘려야 했을 만큼. 이 기념비는 인간과 전쟁, 그리고 국가의 의미를 묵언으로 일깨운다.

참고 도서

- 에드먼드 화이트 지음, 강주헌 옮김, 『게으른 산책자』, 효형출판, 2004
- 조성관 지음, 『독일이 사랑한 천재들』, 열대림, 2018
- 김후영 지음, 『런던 100배 즐기기』, RHK, 2018
- 꽃나래 글, 정꽃보라 사진, 『런던 여행백서』, 나무자전거, 2019
- 조성관 지음, 『런던이 사랑한 천재들』, 열대림, 2011
- 이정태·장인혜 지음, 『런던 홀리데이』, 꿈의지도, 2018
- 론리플래닛 편집부, 김윤미 옮김, 『론리플래닛 베스트 독일』, ag, 2017
- 유상현 글·사진, 『베를린 홀리데이』, 꿈의지도, 2017
- 조성관 지음, 『빈이 사랑한 천재들』, 열대림, 2007
- 아녜스 푸아리에 지음, 노시내 옮김, 『사랑, 예술, 정치의 실험: 파리 좌안 1940-50』, 마티, 2019
- 염재용 편역, 『서양고사』, 지문사, 1986
- 김주희 지음, 『셀프트래블 독일』, 상상출판, 2018
- 박정은 지음, 『셀프트래블 프라하』, 상상출판, 2018
- 박나리 지음, 『시크릿 런던』, 시공사, 2017
- 베니야마 지음, 서상원 옮김, 『유럽에 빠지는 즐거운 유혹』, 스타북스, 2014

- 김지선·문은정 지음, 『인조이 런던』, 넥서스BOOKS, 2019
- 문은정·김지선 지음, 『인조이 프라하』, 넥서스BOOKS, 2019
- 조성관 지음, 『파리가 사랑한 천재들(문인 편, 예술인 편)』, 열대림, 2016
- 고형욱 지음, 『파리는 깊다』, 사월의책, 2010
- 조성관 지음, 『프라하가 사랑한 천재들』, 열대림, 2009
- 맹지나 글·사진, 『프라하 홀리데이』, 꿈의지도, 2019
- 한세라·이정복·이주은 지음, 『프렌즈 런던』, 중앙books, 2019

- 『BERLIN Eyewitness travel』, DK, 2012
- 『LONDON Eyewitness travel』, DK, 2008
- 『WIEN Eyewitness travel』, DK, 2004
- 『PARIS Eyewitness travel』, DK, 2007
- 『PRAHA Eyewitness travel』, DK, 2006